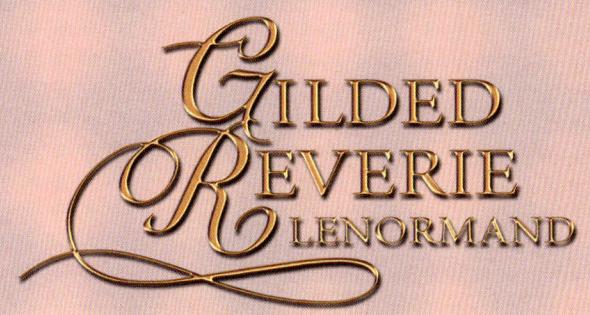

Mit Beiträgen von

Tali Goodwin

Donnaleigh de LaRose

Emanuel J. Santos

Rana George

Nefer Khepri

Sylvie Steinbach

Andy Boroveshengra

Ciro Marchetti

Gilded Reverie Lenormand

Das Lenormand der funkelnden Träume

Aus dem Englischen von Kirsten Buchholzer
Herausgegeben von Johannes Fiebig

KÖNIGSFURT-URANIA

Published by arrangement with US Games Systems, Inc., Stamford / CT, USA.

Bibliographische Information der Deutschen Nationalbibliothek
Die Deutsche Nationalbibliothek verzeichnet diese Publikation in der Deutschen Nationalbibliographie;
detaillierte bibliographische Daten sind im Internet über http://dnb.d-nb.de abrufbar.

Deutsche Erstausgabe
Erste Druckausgabe
5. Auflage 2021

© Ciro Marchetti
für die vorliegende Ausgabe
© 2015 Königsfurt-Urania Verlag GmbH
Ringstr. 32, D-24103 Kiel
www.koenigsfurt-urania.com www.tarotworld.com

Konzept, Design, Texte und Bilder: Ciro Marchetti, http://ciromarchetti.com
Herausgeber der deutschsprachigen Ausgabe:
Johannes Fiebig
Übersetzung: Kirsten Buchholzer, Hamburg
Korrektur: Marianne Glaßer
Satz und Layout: Antje Betken
Druck und Bindung: Finidr, s.r.o.
Printed in EU
ISBN 978-3-86826-757-0

INHALT

Vorwort
zur deutschen Ausgabe

Es begann in Deutschland: Seit Mitte der 1840er Jahre werden „Lenormand-Karten" aufgelegt. Gegenwärtig, rund 170 Jahre später, erleben wir ihre neue Blüte. Die alten Motive beflügeln noch und gerade heute. Denn wenn sich vieles in der Welt ändert, so helfen uns diese scheinbar schlichten Symbole, unsere Erfahrungen zu sortieren und unser Leben als einen „Roman" zu lesen, wie Donnaleigh de LaRose es nennt (s. S. 64). Apropos: Der „Roman" als Lebensentwurf hat auch ebenjener Zeitphase den Namen gegeben, in der das Lenormand entstand: die Zeit der Romantik.

Als ein roter Faden im Leben, den es immer wieder zu spinnen und fortzusetzen gilt, leisten die Lenormand-Karten Vorzügliches. Sie fordern uns heraus, sie fördern uns, unsere Geschichte(n) zu erzählen und die Geschichte(n) von anderen zu verstehen.

Etwa seit dem Jahr 2000 ziehen diese Karten auch im deutschsprachigen Raum weite Kreise, vorher schon andernorts in Westeuropa, besonders lebhaft in den Benelux-Ländern. Neben manchen Varianten sind vor allem die Sorten *Blaue Eule*, *Rote Eule* und die Reprints der historischen Dondorf-Karten sehr gefragt. Anfang 2004 kommen die einzigartigen Bilder des *Mystischen Lenormand* hinzu. Regula E. Fiechter und Urban Trösch schaffen in ihnen eine luzide Bildsprache, die viele neue Dimensionen erschließt.

Erst später, ab 2012 etwa erleben die USA und weitere Länder eine regelrechte „Lenormand-Revolution" (Carrie Paris) mit vielen neuen, zum Teil auch speziellen Decks. Just in diesem Moment erscheint ein neuer, unvergleichlicher Stern am Lenormand-Himmel: das einzigartige *Gilded Reverie Lenormand*. Der Titel spricht von „goldener Träumerei" oder auch vom *Lenormand der funkelnden Träume*.

Ciro Marchetti beschreibt auf den folgenden Seiten selbst den Entstehungsprozess dieser Karten, die sich wie ein Lauffeuer verbreiten sollten. Sein besonderes künstlerisches Talent leuchtet darin ebenso auf wie seine Begabung als Moderator. Er befragt die verschiedensten Lenormand-Praktiker, bezieht sie in sein Schaffen ein und lässt sich immer wieder auch in Frage stellen: ein kreativer und achtsamer Prozess.

Schon jetzt ist eines ganz gewiss, was er der Welt damit (wieder-) geschenkt hat: eine neue, eine funkelnde Lust am Kartenlegen.

Johannes Fiebig

Vorwort
von
Ciro Marchetti

Die Karten des *Gilded Reverie Lenormand* habe ich zunächst als Sonderausgabe im Selbstverlag produziert. Damals dachte ich vor allem an Sammler und Spezialisten. Doch bald bemerkte ich, dass das Interesse ziemlich groß ist und dass auch ein Bedürfnis nach Erklärungen besteht; daraus ist dieses Begleitbuch entstanden.

Die ursprüngliche Ausgabe der Karten war ziemlich schnell ausverkauft, dennoch entschied ich mich dagegen, weitere selbst zu drucken. Stattdessen erteilte ich US Games Systems und darüber auch Königsfurt-Urania eine Drucklizenz, damit das Deck ein breiteres Publikum und einen niedrigeren Ladenpreis erreichen konnte.

Den Karten ist ein kleines Booklet beigefügt – mit den Basics, aber eben durch Größe und Seitenzahl beschränkt. Das vorliegende Buch soll einen umfassenderen Überblick, zusätzliche Hintergründe und visuelle Bezüge der Kartenmotive bieten. Zusätzlich enthält es eine Auswahl von Beispiel-Auslagen, einschließlich der Auslage der berühmten *Großen Tafel*.

Wie Tarot, so werden auch die Lenormand-Karten in vielen Aspekten von verschiedenen Traditionen und verschiedenen „Schulen" durchaus unterschiedlich beurteilt. Ich habe daher bewusst auch unterschiedliche Deutungs-Experten in dieses Projekt einbezogen. Alle haben große Erfahrung mit dem Lenormand, und ich fühle mich durch ihre Mitarbeit geehrt. Der Inhalt dieses Buchs wurde aus den Materialien zusammengestellt, die sie mir zur Verfügung stellten. Dennoch reicht selbst das nur für einen anfänglichen Überblick aus. Ich empfehle allen Interessierten, sich weiter umzusehen; Bücher, Blogs und Foren gibt es reichlich.

Ciro Marchetti

HINTERGRUND

Eine neue Herausforderung

Kreativer Ansatz, Prozess und Herstellung

Im Mai 2011 nahm ich an der Readers' Studio Tarot Conference in New York teil. Eines Morgens saß ich mit der bekannten Tarot-Autorin Mary K. Greer am Frühstückstisch. Während unserer Unterhaltung schlug sie mir die Gestaltung eines eigenen Lenormand-Decks vor. Damals habe ich nicht viele Gedanken daran verschwendet, da ich der Meinung war, Lenormand sei nur eine Unternische des Tarot und noch dazu eine, die hauptsächlich bei europäischen Kartendeutern Anklang fände. Ich konzentrierte meine Bemühungen damals außerdem auf die Umarbeitung meines *Gilded Tarot* in das heutige *Gilded Tarot Royale*.

Dennoch hatte Marys Vorschlag meine Neugier angestachelt, und daher versuchte ich mich zwischen anderen Verpflichtungen an Lenormand-Motiven wie Bäume, Bücher, Schiffe und so weiter. Trotzdem war ich weiterhin nicht vollständig von dem Projekt überzeugt und verwendete viele der entworfenen Elemente stattdessen in Bildern ohne Bezug zu den Lenormand-Karten. Doch ein Jahr später, beim nächsten Readers'-Studio-Treffen, war ich schließlich gepackt. Ich hatte Rana George dabei zugehört, wie sie die Grundlagen des Lenormand-Systems erklärte und demonstrierte. Ich war fasziniert – und sehr beeindruckt von der

Reaktion des Publikums, das jedem ihrer Worte mit Begeisterung folgte. So betrachtete ich meine verschiedenen Motive erneut. Ich griff auch frühere Projekte wieder auf und erkannte, dass viele von ihnen Motive enthielten, die sich perfekt für ein Lenormand-Projekt eignen würden. Seltsamerweise schien sich ein solches Deck bisher nur vor meinem geistigen Auge verborgen zu haben.

Nun galt es vieles studieren. Wie bei meiner Tarot-Reise, die 10 Jahre zuvor begonnen hatte, war ich (und bin ich immer noch) ein völliger Anfänger im Vergleich zu wahrscheinlich fast jedem, der dies hier liest. Daher fühle ich mich ganz klar nicht qualifiziert, Lenormand zu lehren, zu erklären oder irgendein neues Licht darauf zu werfen. Aber ich kann einige Hintergrundinformationen mitteilen darüber, wie ich das Projekt angegangen bin, sowohl in der Konzeption als auch bei der Umsetzung.

In den Monaten zuvor hatte ich mich mit den historischen Anfängen, den Traditionen und Deutungsmustern der Lenormand-Karten beschäftigt. Ich schätze auch die frühen, weniger erforschten Entwicklungsstadien, da sie mir erlauben, die Dinge mit einem frischen Auge zu betrachten, weniger vorgeprägt und befangen von Vorurteilen darüber, wie eine bestimmte Karte aussehen sollte. Dieser Blickwinkel kann selbstverständlich nur zeitweilig, nur anfangs existieren. Irgendwann, während man mehr über die Ansichten anderer Menschen liest und hört, wird auch die eigene persönliche Sicht zunehmend beeinflusst. Es ist also besonders diese frühe Phase, die zu fruchtbaren Ergebnissen führt, voller Skizzen, Experimente und Variationen darüber, wie die Kernbedeutung, der allgemeine illustrative Stil und die konzeptionellen Inhalte am besten gefasst werden können. Der Großteil solcher frühen Entwürfe landet im Papierkorb, während ich andere, die vielversprechend erscheinen, vielleicht auf Facebook oder in Online-Foren poste – um miteinzubeziehen, was es dazu an Rückmeldungen gibt. Es ist frustrierend, dass manche Ansätze für eine Karte hervorragend funktionieren, für andere dagegen überhaupt nicht. Dann müssen sie leider komplett verworfen werden, um eine durchgängige Bildsprache zu erhalten.

Die wirkliche Herausforderung besteht allerdings in der Balance von persönlichen kreativen Zielen und den Erwartungen und Bedürfnissen des Publikums. Gleich zu Anfang wurde mir erklärt, dass die Essenz des Lenormand seine Einfachheit oder, besser gesagt, seine Direktheit sei. Die Karten und ihre Motive sollten nicht zu mehrdeutig sein. Eine „Freudsche Zigarre" soll hier einfach eine Zigarre sein – um es einmal so zu sagen, und ein Baum ist eben ein Baum, ein Schlüssel konkret ein Schlüssel. Daher, so wurde mir geraten, sollten diese Kernelemente nicht durch andere Motive oder Symbole verwässert werden.

Darin liegt ein Dilemma. Eine bloße Vereinfachung würde – auf die Spitze getrieben – zu einer langweiligen leeren Karte mit einem einfachen aufgedruckten Schlüsselwort oder Titel führen. Mit geringfügigem Aufwand könnte jeder bei einer Recherche im Internet kostenlose oder billige Clip-art finden und ein akzeptables Deck innerhalb von vielleicht einem Tag produzieren. Doch solch ein Prozess wäre für mich als Projekt uninteressant und ich vermute, für mein Zielpublikum ebenfalls.

Trotz der gutgemeinten Ratschläge, es „einfach zu halten", ist es meine persönliche Erfahrung und Meinung, dass der Großteil der „Tarot-Gemeinde" tatsächlich „mehr" will.

In die optische Fülle eines Bildes, egal welchen Stils, *einzutauchen,* ist für viele ein wesentlicher Bestandteil des Deutungs-Erlebnisses. Ein Schlüssel mag in der Tat nur ein Schlüssel sein, aber dieses scheinbar leblose Objekt kann zum Beispiel die völlig entgegengesetzten Konzepte von Gefangenschaft oder Freiheit verkörpern. Die meisten Motive können, je nach ihren Begleitumständen, eine Doppeldeutigkeit vermitteln. Szenen, Elemente und Charaktere, die in einer „üppigeren" Bildsprache gezeigt werden, stellen daher Vorlagen dar, die für die intuitive Interpretation und den divinatorischen Prozess förderlicher sind.

Es bleibt natürlich das Dilemma, dass eine Szenerie, die zu detailliert dargestellt wird, weniger flexibel und daher kontraproduktiv wirken kann. Interpreten könnten sich dann in ihrer eigenen Fantasie eingeschränkt fühlen. Dies ist der Grund, warum ich Menschen so neutral wie möglich dargestellt habe: Gesichtsausdrücke und Posen erwecken keine bestimmten Emotionen oder Stimmungen. Die Kleidung ist entweder auf ein Minimum beschränkt oder unbestimmt gehalten. So vermeiden wir, direkt an bestimmte Zeiten, Kulturen oder Bevölkerungsgruppen zu denken.

Jede Modifikation oder „Beeinflussung" der Tradition bewegt sich auf dünnem Eis. Das gilt besonders für die Erstellung der Hauptmotive. Sie müssen den bisherigen Gewohnheiten entsprechen, sollen aber auch den Wunsch des Designers erfüllen und etwas Frisches erschaffen. Diese Herausforderung ist im Falle der Lenormand-Karten zwar etwas kurios; denn die Lenormand-Tradition, die ja oft als *die* entscheidende Basis des Ganzen angesehen wird, gleicht ja eher einem *Kartenhaus* (wenn dieses Wortspiel gestattet ist). In Wirklichkeit ist die oft zitierte Tradition ein eher fragiles

Geschöpf: Die Lenormand-Karten haben sich im Laufe der Zeit auch durch launige Zufälle und nette Marketing-Ideen entwickelt (und weniger durch ein großes symbolisches Konzept). Außerdem hat sich das Verständnis der Lenormand-Motive im Laufe der Zeit auch auf unterschiedlichen Wegen entwickelt, nicht zuletzt durch kulturelle Unterschiede. Der *Bär* würde beispielsweise in Deutschland oder Spanien als männlich angesehen werden, jedoch in der französischen, belgischen, holländischen oder russischen Tradition als *weiblich*. *Lilien*, als weiteres Beispiel, gelten mit bestimmten Sorten und je nach Land entweder als genau passend für eine Beerdigung oder aber eine Hochzeit.

Das offensichtlichste Beispiel dafür, wie ich von der Norm abgewichen bin, ist die allererste Karte. Der *Reiter* wird traditionell von einem Mann zu Pferde repräsentiert. Die Karte zeigt vor allem das Überbringen einer Nachricht, später kann diese Nachricht mehr Klarheit und Zusammenhang durch die Verbindung zu anderen Karten in der Auslage gewinnen. Der *Reiter* weist auch auf gute Gesundheit und Sportlichkeit hin. Unter körperlichen Aspekten steht er für Bänder, Knöchel und so weiter. Er könnte auch unter Umständen als zweite männliche Figur genutzt werden …

Oberflächlich betrachtet, könnte man denken, ich hätte das alles falsch verstanden (und wenn dem so wäre, wäre es nicht das erste Mal). Doch ich möchte so argumentieren:

Warum eine Frau? Nun, zuerst einmal, warum nicht? Es war meine Absicht, den Überbringer von Nachrichten abzubilden (jemanden also, dessen Job es ist, Nachrichten zu überbringen) und nicht so sehr die eigentliche Person. Warum so wenig Kleidung? Weil mir das erlaubt, die menschliche Form zu nutzen, so aufgerichtet und stolz, um Gesundheit und Stärke darzustellen. Das entblößte Bein ist offensichtlich ein effektiver Weg, diese vorhin genannten physischen Merkmale zu betonen. Dennoch können Sie wieder fragen … warum aber eine Frau? Nun ja, ich denke, hätte ich versucht, dieselben bildlichen Ideen auf einen Mann zu übertragen, dass dann der Halbakt sehr gekünstelt und ehrlich gesagt ziemlich lächerlich gewirkt hätte. Dieser „Briefträger" hätte wie ein zusätzliches Mitglied der *Village People* (jener Gruppe aus den 1980ern) gewirkt. Warum das Karussellpferd? Eine kreative Schwäche meinerseits, aber in gewissem Sinne auch eine Bekräftigung der Rolle des Boten, quasi die bildliche Umsetzung der täglichen Runden des Briefträgers bei seiner Arbeit.

Eine Bildsprache, die allen Ansätzen gerecht wird, ist wohl kaum möglich. Als ich das einmal akzeptiert hatte, fühlte ich mich wohler. Dennoch glaube und hoffe ich, dass das *Gilded Reverie* trotz seines individuellen Stils und mancher „Abweichungen" ein Deck ist, das Lenormand-Interessierte – ob Experten oder Anfänger – gut nutzen können.

Ciro Marchetti

ist ein britischer Grafik-Designer, der nach seinem Abschluss am Croydon College of Art, England, in den 1970er Jahren in Europa, Südamerika und den USA Karriere machte.

In Südamerika war er Mitgründer eines Grafik-Design-Studios, das zum größten in der Region wurde. Er gab Seminare für die Marketing-Abteilungen internationaler Firmen und war Mitglied des National Design Institute in Caracas, Venezuela. Später lebte, arbeitete und unterrichtete er in Miami.

Heute wohnt der Künstler in Südflorida. Im letzten Jahrzehnt widmete er sich mehr persönlichen Kunstprojekten. Darunter sein erstes Tarot, das sehr erfolgreiche *Gilded Tarot,* und später eine Reihe anderer populärer Tarot- und Orakeldecks wie das *Gilded Tarot Royale,* das *Tarot of Dreams,* das *Legacy of the Divine Tarot* und das *Oracle of Visions.*

Geschichte & Tradition

ZUR GESCHICHTE

Fuchs, Mond und Fische …
… im Namen der Lenormand

Das *Gilded Reverie Lenormand* ist der Spross einer Kartendeutungs-Tradition, die bis ins späte 18. und das 19. Jahrhundert zurückreicht. Die Gestaltung des Decks soll diese Tradition respektieren und gleichzeitig eine neue Vision für die Zukunft anbieten. Sie werden feststellen, dass die Tradition selbst oft schon auf Zitaten und launigen Zufällen beruhte und immer wieder einem Wandel unterworfen war.

Es wird Sie vielleicht erstaunen zu erfahren, dass diese Karten wenig mit Frankreichs berühmter Wahrsagerin Mlle Lenormand zu tun haben, außer dass ihr Name fürs Marketing genutzt wurde. Ort und Zeit der Entstehung haben uns ein Deck mit einer Karte namens *Anker* beschert (und nicht zum Beispiel mit einer Spinnen-Karte). Wir sehen eine Karte namens *Haus* und keine namens *Brunnen*. Sie werden auch entdecken, dass das *Gilded Reverie* einige Motive umgestaltet hat, um eine zeitgenössische Perspektive für den modernen Salon des 21. Jahrhunderts zu schaffen und in seinem einzigartigen Illustrationsstil zu präsentieren.

Die Geschichte des Decks, denn es ist eine Geschichte, beginnt mit seiner Namensvetterin, als in Alençon in der Normandie, Frankreich, dem Ehepaar Marie-Anne Gilbert und Jean-Louis Lenormand am 27. Mai 1772 ein Mädchen, Marie-Anne Lenormand, geboren wird. Ihr Vater starb schon im folgenden Jahr, und als sie fünf Jahre alt war, hatte sie beide Eltern verloren. Unglück hatte ihr Leben früh ergriffen, was sie aber nicht zurückgehalten zu haben scheint.

Als Kind ihrer Zeit war sie gerade 17 Jahre alt, als die turbulente Französische Revolution von 1789 bis 1799 begann. Dies waren erbarmungslose und unsichere Zeiten, doch sie waren auch der Beginn einer Gesellschaft, die es als in Ordnung ansah, wenn jeder normalsterbliche Mensch – Mann oder Frau – seine Rechte und Chancen ergriff. Die allgemeine Unsicherheit schürte sicherlich einen Anstieg des Bedürfnisses nach wahrsagerischen Konsultationen. Und tatsächlich war Paris zu dieser Zeit voll von Wahrsagern, obwohl ein Gesetz Divination verbot.

Wir können leicht eine Parallele zu unseren turbulenten Zeiten – mit unseren eigenen wirtschaftlichen und politischen Aufruhren in Europa und Amerika – ziehen. Beide Zeiten, als die Karten eingeführt wurden, hatten ihre „Occupy"-Bewegung.

Mlle Marie-Anne Lenormand war eine dieser Pariser Wahrsagerinnen und sie verstand es, ihre Chance zu ergreifen, indem sie Sicherheit in einer Zeit der Unsicherheit verkaufte. Sie verkaufte nicht nur Orakelsprüche, sondern auch sich selbst. Sie war eine schamlose Selbst-Vermarkterin. Die Karten-Historiker Decker, Depaulis und Dummet stellten in ihrem Buch *A Wicked Deck of Cards* (1986) fest, „dass von den 14 Büchern, die sie während ihres Lebens schrieb, sich keines um Tarot-Theorien oder Methoden der Kartendeutung drehte, sondern um ihre eigene Karriere und ihre Verbindung zu wichtigen Persönlichkeiten". Daher war die einzige existierende „Lenormand" damals die kinderlose Mademoiselle selbst, ein lebendes und redendes Orakel, zugleich eine agile Geschäftsfrau, deren Name und Ruf zum einzigen andauernden Vermächtnis ihrer Existenz in dieser Welt werden würden.

Ihr Tod am 15. Juni 1843 beschwor Interesse an ihrem Mythos herauf und wie immer fuhren Opportunisten im Fahrwasser: Drei Biografien wurden geschrieben, deren Inhalt sehr „kreativ" war. Eine behauptete sogar, „Prophezeiungen" zu beinhalten, die „La Lenormande" vor ihrem Tod geweissagt hätte. Aus den Visionen der Mlle Lenormand ließ sich Geld machen. Es ist schwierig zu erfahren, was bezüglich Lenormand Wahrheit und was lediglich „Spinnerei" ist, da laut Decker, Depaulis und Dummet ab 1845 ein wie von ganzen Schreibfabriken produzierter Wildwuchs an „brandaktuellen Lenormand-Enthüllungen" zu verzeichnen ist.

Der Witz ist, dass, soweit wir wissen, Mlle Lenormand nie ein solches 36-Karten-Blatt genutzt hat, wie wir es heute normalerweise mit dem „Lenormand" verbinden. Dies ist fast ausgeschlossen, da sie selbst 1817 in ihrem Buch *Les Oracles Sibyllins* schrieb, dass sie ein „Piquet-Spiel" verwenden würde, ein beliebtes Kartenspiel der Zeit. Auch interessant ist, dass wir kaum schriftliche Belege darüber haben, welche Bedeutungen die Lenormand bestimmten Karten zuteilte. Es gibt da noch einen knappen Hinweis auf Tarotkarten mit der seltsamen Schreibweise „Tharots" und nur drei Tarotkarten werden in ihren Schriften überhaupt benannt: Narr, Tod und Teufel.

Wie spannend es für Lenormand-Anhänger doch wäre, eine primäre Quelle über beispielsweise *Klee*, *Rute* und *Baum* zu lesen. Doch leider ist es unwahrscheinlich, dass das jemals passieren wird. Mlle Lenormand arbeitete eher mit Spielkarten, auf denen sich ihre eigenen handgeschriebenen astrologischen Notizen oder andere Symbole befanden. Und auch hier: Wenn diese Karten überlebt hätten und gefunden werden würden, wäre das eine wundersame Entdeckung.

Ich kann es nur in der Sprache der Lenormand-Karten selbst ausdrücken, dass sich ein starkes Thema von *Fuchs* + *Mond* + *Fischen* = „Betrug und die Sehnsucht nach Ruhm und Geld" durch die Geschichte der unglaublichen Mlle Lenormand zieht.

Der Tod machte, wie der Tod das oft tut, aus der Wahrsagerin eine Berühmtheit und schuf in ihrem Namen und ihren Ruf nutzend die Lenormand-Vermarktung. Der Name und die Marke „Lenormand", die Mademoiselle so kreativ und scharfsinnig selbst kreiert hatte, wurden aufgegriffen und zu einer völlig neuen Methode der Kartendeutung umgedreht.

Wir wissen, dass 1845, nur zwei Jahre nach dem Tod der Mlle Lenormand, das erste bekannte Deck in dem Format, das heute als „die" Lenormand-Karten bekannt ist, von einem unbekannten Verleger veröffentlicht wurde. Nicht alle der handkolorierten Karten überlebten. Das Deck scheint gespickt mit Anspielungen auf den französischen Patriotismus zu sein. So wird der *Klee* beispielsweise mit zwei blauen Symbolen dargestellt, um die Fülle des Füllhorns zu repräsentieren. Oberhalb des Füllhorns befindet sich der grüne dreiblättrige Klee und darüber fliegen Damen durch die Luft. Ihre Hände sind ineinander verschränkt, sie tragen Kleider in den Farben Rot, Blau und Weiß und repräsentieren damit das dreiteilige Motto der patriotischen Farben der französischen Flagge: „Freiheit, Gleichheit, Brüderlichkeit".

Auf allen erhaltenen Karten befinden sich auch kleine Spielkarten-Einschübe, die es den Käufern erlaubten, sie neben dem Orakeln auch als normale Spielkarten zu verwenden. Wie Sie sehen werden, ist dies eine wundersame Umkehrung dessen, wofür sie ursprünglich gemacht wurden.

Hoffnung genannt und war ein typisches Beispiel für viele solcher Spiele in dieser Zeit in Europa. Es existieren davon noch drei vorhandene Exemplare in Museen, eines davon im Britischen Museum.

Die nächsten Karten, die diesem neuen Format folgten, waren die „Wahrsagekarten der berühmten Mlle Lenormand in Paris", gedruckt 1846 in Deutschland von J. B. Rühe. Es folgten dann noch viele weitere, und heute werden jeden Monat mehr Decks gedruckt als früher oft pro Jahr.

Bereits seit 1976 ist es jedoch bekannt, dass das „ursprüngliche" Deck, das exakt die heute von „Lenormand"-Decks verwendeten Symbole beinhaltet, bereits 45 Jahre vor den ersten eigentlichen Lenormand-Karten existierte. Dieses Ur-Deck hatte nichts mit Mlle Lenormand zu tun, sondern wurde von einem deutschen Messing-Fabrikanten namens J. K. Hechtel 1800 kurz vor seinem Tod gestaltet. Es wurde *Das Spiel der*

Die Tatsache, dass Hechtel so kurz nach der Veröffentlichung seines eigenen Kartenspiels starb, ist ein möglicher Grund dafür, warum es von Verlegern 45 Jahre später „beliehen" wurde, zu der Zeit also, als aus dem Tod der Mlle Lenormand Profit geschlagen wurde. Wenn es ihnen nichts ausmachte, den Namen einer toten Frau auszunutzen, machte es ihnen wahrscheinlich auch nichts aus, das Deck eines verstorbenen Mannes auszuschlachten.

So erhielt also unser heutiges Lenormand-Deck seine Bilder von einem Spiel und seinen Namen von einer bekannten Wahrsagerin, beides ohne die Einwilligung der betroffenen Personen und nach deren Tod. Die „Lenormand-Karten" wurden von den beiden nicht geschaffen, sondern aus ihnen. Interessanterweise beinhaltet die Spielanleitung von Hechtel eine kurze Erwähnung, dass das Deck zum Orakeln verwendet werden kann, indem alle Karten ausgelegt und mit ihrer Hilfe Geschichten erzählt werden können. Wir wissen, dass Mlle Lenormand selbst natürlich Spielkarten nutzte. Unter Berücksichtigung der vorliegenden Daten ist eine Verbindung der beiden Schöpfer eventuell dadurch möglich, dass Mlle Lenormand ein *Spiel der Hoffnung* von Hechtel als ein normales Gesellschaftsspiel irgendwann einmal gesehen hat.

Hätte der spätere „Lenormand"-Verleger ein anderes Kartenspiel ausgewählt, hätten wir vielleicht ganz andere Motive auf den Karten, beispielsweise eine Spinnen-Karte oder eine Brunnen-Karte. Obwohl viele Spiele und Decks der Zeit gleiche Motive beinhalteten, wie das *Haus*, gab es viele Variationen. Auch die erste Ausgabe des *Gilded Reverie Lenomand* beinhaltete zusätzliche Variationen, wie *Brücke*, *Maske*, *Würfel* und *Uhr*.

Im Laufe der Jahre wurden die Lenormand-Motive oft verändert. Verschiedene Aspekte und Symbole wurden entfernt oder hinzugefügt, wie beispielsweise ein Kreuz auf der *Weg*-Karte oder ein Stundenglas auf der *Sense*. Die ursprünglichen *Ruten* waren aus Birkenzweigen, später wurden sie manchmal als Besen dargestellt. Das führte zu Diskussionen in traditionellen Kreisen, da ein Besen wesentlich häuslicher und positiver als eine Birke bewertet wurde. Das Kartenmotiv im ursprünglichen *Spiel der Hoffnung* zeigt Blut auf der auf einem Block platzierten Birkenrute, was die negativen Assoziationen verdeutlichte.

Zu der Zeit, als die Karten ursprünglich entwickelt wurden, gab es außerdem allgemein bekannte Mythen und Fabeln, die jeder Familie, die das Spiel in ihrem Salon oder in ihrer Stube spielte, vertraut gewesen wären. Solche Geschichten wie *Der Froschkönig und der Storch* oder *Reineke Fuchs* waren für sie sofort in den Karten erkennbar. Da diese Karten später neuen Generationen nähergebracht werden sollten, fanden sich diese Geschichten in den Kartenbeschreibungen wieder.

Es gibt eine Reihe von Traditionen, wie die Karten zu deuten sind, sowohl in den verwendeten Deutungsmethoden als auch in der Interpretation der Symbole. Sie basieren zumeist auf regionalen Unterschieden, wobei das keine feste Regel ist. Die Tradition kann von einem Autor und Lehrer zu einem anderen variieren, auch wenn sie dieselbe Nationalität haben.

Obwohl es Gemeinsamkeiten bei den Interpretationen gibt, kann es auch deutliche Unterschiede geben. Der *Bär* beispielsweise kann eine Mutter oder ein starker Mann oder eine Autoritätsperson sein, je nach Tradition. Es gibt Varianten bei Gesundheits-, Wohlstands- und Arbeitskarten und daher empfiehlt es sich, erst einmal eine Tradition auszuwählen und sich an ein einheitliches Deutungssystem zu halten, bevor Sie ein anderes ausprobieren.

Im Booklet zum *Gilded Reverie* erläutern wir die einzelnen Karten unter Berücksichtigung verschiedener Traditionen und Praxiserfahrungen auf die allgemeinste Weise, um Ihnen beim Deuten einen gewissen Spielraum zu lassen.

Haben Sie Tarot-Erfahrungen und wollen Sie Lenormand mit Tarot-Karten vergleichen? Es gibt nur vier gemeinsame Symbole: die astronomisch-astrologischen Symbole von *Sonne*, *Mond* und *Sternen* sowie den *Turm*. Es ist wichtig, diese in ihrem ursprünglichen symbolischen Lenormand-Zusammenhang zu sehen und nicht direkt mit den Tarot-Äquivalenten zu vergleichen. Wie Sie in den Kartenbeschreibungen sehen werden, ist der *Turm* im Lenormand ganz anders und wesentlich praktischer als der biblische *Turm* des Tarot.

Wir hoffen, dass das *Gilded Reverie Lenormand* Ihnen als ein wundervolles Werkzeug zum Wahrsagen, Orakeln und Erforschen dient, indem es Ihnen Zugang zu einer alten Tradition in einer zeitgemäßen Darstellung verschafft. Insofern wir die Lenormand-Tradition wiederbeleben, werden die Karten immer vollständiger zu uns sprechen. Auch Sie sind nun Teil dieser Orakel-Stimme, die aus fernen Zeiten zurückkehrt. Erlauben Sie den Karten, ihre Geschichte zu erzählen, und entdecken Sie dabei Ihre eigene.

Tali Goodwin

DIE KARTEN

Zu den folgenden Seiten: Kurze Schlüsselsätze (in Kursiv) von Rana George dienen als Interpretations-Starthilfe aus der Perspektive der Karten selbst. Die weiteren Stichworte stammen von Tali Goodwin.

In einigen Fällen habe ich den Text bearbeitet, um meinen persönlichen Ansatz besser auszudrücken. Abweichungen von diesen Beschreibungen und Ergänzungen entstehen durch kulturelle Traditionen, symbolische Assoziationen sowie durch die konkreten Umstände einer Legung. Intuition und Kombination, die Berücksichtigung der umliegenden Karten, die Position der „Häuser" unter jeder Karte und Weiteres fügen zusätzliche Nuancen hinzu. All diese Faktoren zusammen ergeben in der praktischen Anwendung unendlich viele mögliche Deutungen für jede Karte.

REITER

Stets bringe ich Neuigkeiten. Blicken Sie um mich herum, damit Sie sehen, was diese besagen. Ich könnte Ihnen Besuch abstatten oder Ihnen Veränderungen bringen. Ich bin schnell und immer in Bewegung. Wenn Sie eine negative Karte dicht bei mir sehen, werden Sie sich bei der Antwort wahrscheinlich nicht freuen.

Der *Reiter* bringt Neuigkeiten. Er ist die erste Karte und kündigt neue Dinge an. Im *Gilded Reverie* erblicken wir eine verträumte Reiterin, die rittlings auf einem Karussellpferd sitzt – jenem Pferd, das in Märchen Überbringer von Botschaften ist. Die Reiterin ist vielleicht sogar Iris, die griechische Botschafterin der Götter.

Die geschulterte Botentasche könnte auf zusätzliche Nachrichten mit unterschiedlicher Bestimmung auf ihrer nächtlichen Reise hinweisen. In ihrer Hand umfasst die Reiterin einen weißen Brief – der bereit zur Auslieferung durch die aktuelle Auslage ist. Das Karussell ist hier die ideale Metapher, da diese Karte die Initiation eines neuen Zyklus und das Ende des alten Zustands darstellt.

Das Auf und Ab des Karussells symbolisiert auch den magischen Flug, der diese Botschafterin zu ihrem Ziele treibt. Losgelöst vom sich ständig drehenden „Karussell des Lebens", dessen kreisförmige Bewegung von den physikalischen Gesetzen auch als „Beschleunigung" bezeichnet wird, symbolisiert unsere Reiterin die Gangart und Geschwindigkeit von Informationen, die unser Leben zunehmend definieren.

KLEE

*Ich bringe Ihnen Glück und Freude. Ich mache die Dinge besser,
und solange mir keine negative Karte folgt,
werde ich Schwierigkeiten in Möglichkeiten verwandeln.
Ich bin die nette Überraschung und der Freudenseufzer.*

Auf dieser Karte sehen wir eine wild wuchernde Klee-Träumerei. Drei- und vierblättriger Klee mit weißen Blüten vor dem Hintergrund eines idyllischen Tages. Alles ist leuchtend grün, fruchtbar und verspricht Wachstum und Glück. Wo diese Karte in einer Auslage liegt, ist alles gut. Im Zusammenhang mit der Blumensprache ist das Weiß der Blüten auch als Symbol der Erinnerung bekannt. Die Karte kann ein „Vergissmeinnicht" von jemandem aus der Ferne sein.

Der dreiblättrige Klee ist bei den Iren allgemein als „Shamrock" bekannt und wird mit Glück verbunden. Da der vierblättrige Klee selten ist, gilt seine Auffindung in der Natur als besonderes Glück.

Klee ist auch mit Liebe, Leidenschaft und Fülle verbunden. Die mittelalterliche Poesie war voll von leidenschaftlichen Stelldichein junger Liebender in Kleefeldern. Davon leitet sich bei dieser Karte „Glück in der Liebe" ab. Liegt der Klee allerdings neben der *Sense*, sollten Sie damit rechnen, dass das Liebesglück von kurzer Dauer ist.

SCHIFF

Ich nehme Sie mit in den Urlaub oder auf eine Geschäftsreise. Wohin die Reise auch geht, Sie werden einen Koffer dafür brauchen. Es ist die Ferne, für die ich bekannt bin, und ich bin immer in Bewegung. Betrachten Sie die Karten neben mir für Hinweise und Stichworte über den Wandel, den ich in Ihre Lebensreise bringe.

Der Aufbruch zu einer Reise. Es gilt neue Horizonte zu erforschen und Vorbereitung ist vonnöten, um eine reibungslose Fahrt zu garantieren. Im *Spiel der Hoffnung* von 1799, in dem die Lenormand-Symbole zum ersten Mal veröffentlicht wurden, ist das *Schiff* eine günstige Karte – der Reisende wird glücklich „zu den Kanarischen Inseln gebracht, wo die bekannten schönen Vögel zu Hause sind".

Hier sehen wir diese Karte als ein fliegendes Schiff, als einen Propeller-angetriebenen Briganten, der uns zu neuen Ausblicken und Landschaften bringt. Statt des ursprünglichen Kartenmotivs präsentieren spätere Decks auch schon mal einen Zug oder ein Flugzeug. Hier geht es eben um weitere Reisen jeglicher Art.

Die Art der Reise wird meist angenehm sein, so wie etwa ein Urlaub. Doch das ist wie immer abhängig von den Karten, die das *Schiff* umgeben.

HAUS

Ich bin Ihre Familie und Ihre Basis, Ihr Grund und Ihr Heim.
Ich gebe Ihnen Stabilität und Trost.
Ich bin Ihre existierenden Vereinbarungen und Ihr Umfeld.
Ich bin das, was Sie und Ihr Vermögen umgibt.
Die Karten um mich herum werden Ihnen Hinweise über meinen
gegenwärtigen Zustand oder über die Diktate der Zukunft geben.

Familie und Heim – ein Asyl, das uns Schutz vor der Welt bietet. Hier zieht es uns nach Hause an einen nostalgischen Märchenort. Dieses Haus besteht aus knorrigen Wurzeln, die beständigen Halt und Sicherheit versprechen. Das offene Gartentor zeigt, dass da eine Öffnung, vielleicht eine Eröffnung ist.

Die Karte *Haus* bietet übrigens eine interessante Möglichkeit, ein Lenormand-Deck zu datieren. Denn viele Decks neigen dazu, auf die Vergangenheit zurückzugreifen oder aber ein zeitgenössisches Gebäude abzubilden. Auf manchen Decks sind sehr zweckdienliche Gebäude abgebildet, andere zeigen ambitioniertere Anwesen. Wie immer das Haus auch dargestellt wird – es repräsentiert das, was wir über unser Heim, unsere Behausung, unsere Sicherheit denken.

BAUM

Ich bin hier und werde hier auch bleiben und gedeihen.
Ich bin die Gesundheit Ihres Körpers, Ihres Geistes und Ihrer Seele.
Betrachten Sie die mich umliegenden Karten, um mehr über mich
zu erfahren. Liegen negative Karten in meiner Nähe,
legen Sie besser Taschentücher für Ihre Nase bereit.

Ein Zeichen für Gesundheit und hohes Alter. Außerdem die Aufforderung, Wurzeln zu schlagen und die Zukunft abzusichern. Die Anwesenheit der Karte könnte auf eine vererbte Gesundheitsproblematik hinweisen. Kombinieren Sie diese Karte mit der vorherigen Karte *Haus* und wir haben ein „Baumhaus", das von Sicherheit berichtet, aber auch von großer familiärer Verantwortung und vielleicht von stressbedingter Krankheit.

Der *Baum* stellt hier auch den Lebensbaum dar, ein altes Symbol, gleichsam verankert in den Wurzeln der ältesten Zivilisationen. Ob babylonische, ägyptische oder jüdische Bilder vom Lebensbaum – immer geht es auch ums Altertum und unsere Wurzeln in der Antike.

Die Karte zeigt diese Bedeutungen in einem Regenbogen, vielleicht weil wahre Gesundheit einen Einklang mit uns selbst und dem, was über und unter uns ist, darstellt. Die Harmonie der Farben symbolisiert die ganzheitliche Beschaffenheit von Heilung und vom Leben selbst.

WOLKEN

*Ich bin dunkel auf der einen Seite und hell auf der anderen.
Konflikte und Zweifel bringe ich sicherlich.
Sie werden nicht fähig sein, klar zu sehen, denn ich werde Ihre
Wahrnehmung blockieren und Verwirrung regieren lassen.
Sicherlich verspreche ich eins: Ich ziehe vorüber,
denn die Sonne scheint immer, nachdem der Donner verhallt ist.*

Eine Karte, die Vorahnungen und Wandel symbolisiert. Die negativen oder positiven Auswirkungen werden von der Richtung, in die die dunklen Aspekte der Wolke weisen, beeinflusst. Hier sehen wir den glorreichen Durchbruch der Sonne und aufsteigende Vögel auf der *rechten* Kartenseite. Dies verspricht Befreiung von Unsicherheiten. Die Karte kann auch vor dem Verdunkeln einer Wahrheit warnen. Es besteht ein Mangel an Klarheit betreffs einer Situation, etwas, das enthüllt werden muss. Eine Enthüllung könnte bald bevorstehen.

Die dunkleren Aspekte der Karte finden sich links unten, wo wir einen Blitz in den *Baum* (die vorherige Karte) einschlagen sehen. Hier herrschen Unsicherheit und Verwirrung. In einigen Systemen der Lenormand-Deutung werden die hellen und die dunklen Ecken dieser Karte zur Feststellung genutzt, ob die Verwirrung vor oder hinter uns liegt. Mit dem *Gilded Reverie* können wir auch sagen, ob sie über oder unter uns liegt. Das ist besonders nützlich für die Ausdeutung einer Großen Tafel, bei der wir Diagonalen berücksichtigen – eine fortgeschrittene Deutungstechnik.

Schlange

Seien Sie vor mir auf der Hut, denn ich verstecke mich immer.
Sie können mir niemals vertrauen oder mir glauben.
Ich betrüge, täusche und hintergehe Sie blitzschnell.
Geben Sie Acht, wohin Sie treten, denn meine Fangzähne
werden Sie sicher das Fürchten lehren.

Das *Spiel der Hoffnung* von 1799 weist deutlich darauf hin, sich „gegen den Biss dieser schädlichen Schlange zu schützen". Seien Sie besorgt, sehr besorgt, da es betrügerisch zugehen kann, wo diese Karte zu liegen kommt! Achten Sie auf eine oberflächliche Person – die bösartig ist und die – besonders, wenn die *Schlange* mit dem *Hund* verbunden ist – das bekannte „Miststück" jener „besten Freundin" sein kann, die einem Kummer beschert. Kurz, heuchlerisches Verhalten und eine doppelgesichtige Person können hier ein Problem darstellen. Die Karte rät aufzupassen, wo Sie hintreten.

Unsere *Schlange* hier in einem Apfelbaum spielt auch auf den Garten Eden an und somit auf den ursprünglichen Zerfall von glücklichen Beziehungen, wie wir sie in vorherigen Karten wie dem *Haus* gesehen haben. Die Lenormand-Karten sind – wie viele andere Karten, einschließlich des Tarot – fest in der christlichen Tradition verankert. Nehmen Sie beispielsweise das *Kreuz* oder den *Park*, der im ursprünglichen *Spiel der Hoffnung* als ein biblischer Ort gesehen wird. Seien Sie also achtsam und betrachten Sie die die *Schlange* umliegenden Karten, um zu erfahren, welcher Art das Übel in Ihrer Situation ist.

SARG

*Ich bin schmerzhafte Veränderung und Übergang.
Sie fühlen mich durch Ihren Körper, Ihren Geist und sicherlich
durch Ihre Geldbörse. Depression, Verlust und Bankrott
sind meine Spezialität. Ich bin Krankheit und Bettruhe.
Ich bin alle Enden und manchmal der Tod.*

Der Sarg im Bild spielt auf das alte Ägypten an. Während er traditionell als Ende oder Abschluss gesehen wird, symbolisiert der Sarg auch eine Einweihung, eine Abrechnung unseres Lebenssinns. Es geschieht oft, wenn wir mit lebensverändernden Ereignissen oder Krankheiten konfrontiert werden, dass wir die wichtigen Aspekte unseres Lebens abwägen.

Hier begegnet uns der *Sarg* in Form eines Sarkophags, flankiert von der beeindruckenden Gestalt des Anubis, des Gottes der Einbalsamierung und des Beschützers der Toten. Anubis hat auch die Aufgabe, beim Wiegen der Herzen zu assistieren, um sicherzustellen, dass man würdig ist, die Unterwelt zu betreten. Die Bedeutung der Karte kann das tatsächliche Ende von etwas sein, wie wir es bisher kannten.

Ein sehr altes deutsches Lenormand-Deck in einer privaten Sammlung enthält eine *Kind*-Karte, deren Gestaltung sehr an eine Sarkophag-Figur erinnert, vielleicht um darauf hinzuweisen, dass tatsächlich jedes Ende ein neuer Anfang ist.

BLUMENSTRAUSS

Schönheit und ein glückliches Gesicht sind, was ich bringe.
Ich bin das Geschenk, das Ihr Herz erwärmt.
Ich bin Ihre Genesung und Ihr Wohlbefinden. Ganz gleich, welche
Karte vor mir liegt, ich werde sie immer zum Positiven wenden.

Diese Karte bringt den Duft von Glück und Freude, ein Zeichen der Anerkennung. Der Blumenstrauß aus rosa Tulpen spricht die „Sprache der Blumen". Im Viktorianischen Zeitalter wurden Blumen als Kommunikationsmittel verwendet. Sie wurden zum Code für Liebende, ein perfekter Weg, um indirekt Liebe, Leidenschaft und Anerkennung auszudrücken.

Die Tulpe wurde lange vor dem Viktorianischen Zeitalter schon hoch angesehen und führte seinerzeit zur „Tulpenmanie", ihr Besitz war sehr begehrt. In diesem Sinne stellt diese Karte ein Geschenk dar, das gegeben oder erhalten wird und in irgendeiner Weise wertvoll ist. Dass das Kärtchen hier den Namen des Decks beinhaltet, ist eine Referenz an ältere Decks, die oft den „Verlagsstempel" auf eine Karte geprägt hatten. Mehrere frühe Lenormand-Decks zeigen beispielsweise die Flagge der Stadt des Verlegers auf dem *Schiff*.

In Kombination mit einer Karte wie dem *Reiter* oder dem *Brief* werden die *Blumenstrauß* zu einer wunderschönen Einladung. Mit dem *Park* handelt es sich um die Einladung zu einer Party. Wenn allerdings der *Turm* dabei wäre, könnte es sich um die eher unwillkommene Einladung zu einem Krankenhaustermin handeln. (Wenigstens werden Sie Blumen in Ihrem Zimmer haben.)

SENSE

Seien Sie vorsichtig, ich bin flink und scharf. Ich durchtrenne
mit Präzision, mit strenger und klarer Vision.
Ich bin uralt, ein scharfer Schnitt. Ein Abbruch
oder manchmal eine Entscheidung, die getroffen werden muss.
Ich kann gute Ernte oder Gefahr bringen. Schauen Sie, was ich um
mich herum beschneide, es könnte genau Ihr Wetteinsatz sein.

„Ein jegliches hat seine Zeit, und alles Vorhaben unter dem Himmel hat seine Stunde." (Prediger 3:1)

Dieser Gegenstand ist ein einfaches landwirtschaftliches Werkzeug, das zum Entfernen von Gras und zum Ernten des Getreides genutzt wird. In der Welt des Lenormand symbolisiert es ein plötzliches Trauma oder einen Schock, der Sie überraschen wird. Ein flinker, sauberer Schnitt wird gemacht werden!

Die *Sense* ist auch gefährlich, denn sie ist scharf. Wir müssen aufpassen, wohin diese Karte zeigt, besonders in der Großen Tafel. Die Karte neben der Klingenspitze bremst ihren Einfluss, macht ihre Auswirkungen mehr oder weniger extrem. Beispielsweise würde der *Klee* neben der *Sense* den Schock vermindern. Es ist fast so, als ob die Klinge vom Schneiden des *Klees* (Glück) stumpf wird.

Dieses Symbol kann einen „Weckruf" darstellen, besonders wenn es mit Karten wie dem *Reiter* kombiniert wird.

RUTEN

Seien Sie vor heftigen Gefühlen gewarnt. Ich bringe Konflikt und Anstrengung. Sie werden mich in Wettkämpfen finden, denn ich arbeite mit Wiederholungen. Streit und Hader sind meine Eltern, aber ich bin nicht immer ein Bösewicht. Nach Lust und Laune kann ich in der Turnhalle oder in einem lustvollen Bett gefunden werden.

Diese Karte ist eine der nervigsten Karten im Lenormand. Anders als im Tarot gibt es für mich in diesem System definitiv günstige und ungünstige Karten. Wo die *Ruten* auftauchen, wird Rage hochgepeitscht, was Zwietracht schafft und Wut schnell zum Kochen bringt. Die Karte bedeutet Ärger, Streit, Unfrieden, Konflikt, Diskussionen, besonders wenn sie bei den *Vögeln* gesehen wird oder allen anderen stressenden Karten.

Ein Peitschenknall wird entweder durch Sie oder gegen Sie ausgeübt. Das Bild zeigt eine gewundene Peitsche und eine Birkenrute, ein Bündel eng zusammengebundener Zweige, die zur Maßregelung und Züchtigung benutzt wurden. Birkenruten wurden während der Französischen Revolution und während der Entstehungszeit des Lenormand benutzt.

Im positivsten Sinn haben wir hier eine Karte, die dazu aufruft, unsere Kräfte und Aufmerksamkeit zusammenzubringen, uns zu fokussieren und unsere Kräfte auf die Reihe zu bekommen.

VÖGEL

Ein Anruf, eine SMS oder ein Rendezvous, so kommuniziere ich.
Ich bin in Besprechungen oder Befragungen
und ich liebe es zu verhandeln.
Ich kann dein Geschwister, dein Liebhaber
oder deine Partnerin sein.
Paare sind es, auf die ich verweise.

Diese Karte könnte Gequatsche, Tratsch oder die Weitergabe von Informationen auf positive Art und Weise symbolisieren. Wie immer abhängend von den Karten, in deren Umgebung sie sich findet. Viele gemeinsame Stimmen sind lauter als eine. Die *Vögel* bezeichnen auch das moderne „crowd-sourcing". Die Karte kann etwas so Simples wie eine sich schnell und weit verbreitende Ankündigung sein, beispielsweise mit dem *Reiter*.

Die *Vögel* sind auch die stetig wachsende Welt der Facebook- und Twitter-Kommunikation. Die Karte ist ein sprichwörtlicher Tweet. Allerdings könnte es durch sie Missverständnisse à la „Stille Post" geben. Im Märchen wird Figuren manchmal die Fähigkeit verliehen, die „Sprache der Vögel" zu sprechen. Doch es könnte auch sein, dass die Karte ein Missverständnis bedeutet, besonders in Kombination mit den Ruten.

KIND

Ich bin jung, ich bin neu, ich bin verspielt und unreif.
Ich bin ein Baby, ein Kind oder ein Teenager.
Klein, kurz oder winzig sind andere Arten, mich zu beschreiben.

Das *Kind* ist für mich im Lenormand eine reale Personenkarte. Sie verkörpert einen jungen Menschen. Doch um ehrlich zu sein, ich betrachte sie auch als Symbol für ein kindliches Naturell oder für jemanden, der im Herzen jung geblieben ist. Schließlich will niemand bei einer Legung zum Thema Geschäft den Rat erhalten, ein kleines Kind zum Kooperationspartner zu machen – vielleicht sollten wir manches etwas weniger wörtlich denken.

Das *Kind* bezeichnet einen Platz des Staunens, der Unschuld, der Hoffnung und der Fähigkeit, einfach mit etwas zu spielen, nur so zum Spaß. Es ist eine andere Zeit und ein anderer Ort, an dem Fantasie entfesselt ist und die Realität genommen wird, wie sie eben ist. Es steht für die frühen Entwicklungsphasen, in denen Änderungen gemacht und eine positive Zukunft geformt werden kann. Das *Gilded Reverie* stellt dieses Staunen durch ein aufgeschlagenes Märchenbuch dar, das mit „Es war einmal …" beginnt. Die weiteren Buchseiten sind leer und noch zu bevölkern. Auch ein Märchenschloss ist auf der Karte zu sehen sowie die Hoffnung in Form eines Regenbogens – ein Motiv, das sich durch das gesamte Deck zieht und auf das *Spiel der Hoffnung* anspielt, aus dem das Lenormand einst entstanden ist.

FUCHS

Wenn ich nicht Ihre Arbeit bin, bin ich Ihr Warnsignal dafür, dass gerade ein doppeltes Spiel gespielt wird. Schauen Sie sich gut im Kreise Ihres nahen Umfelds um, vielleicht plane ich Ihren Fall. Ich bin Meister der Manipulation und werde Sie alle zum Narren halten. List ist meine Stärke und Verstohlenheit mein Spiel.

Schon im *Spiel der Hoffnung* heißt es, dass der schlaue *Fuchs* den Spieler in die Irre führt. Dies ist die Gauner-Karte des Decks und ihre Gegenwart bringt List und Intrigen, zum Guten oder Schlechten, abhängig von ihrer Position.

Hier dreht sich der Fuchs zu seiner Beute um – vielleicht denkt der junge Hahn, er sei der Einzige, der so früh wach ist. Der Fuchs hat jedoch schon seine Kriegslist vorbereitet und wird seinen Vogel bestimmt erhaschen. Auch zur Zeit der Entstehung der ersten Lenormand-Decks waren die Erzählungen von *Reineke Fuchs* populär. Diese stellten Reineke als „falschen Propheten" dar, und viele traditionelle Interpretationen des Fuchses tragen noch diesen Sinn von „falschen Prinzipien". Nehmen Sie sich also vor Betrug und Täuschung in Acht. Mehr noch: Nehmen Sie sich in Acht vor Charmeuren, die Sie zum Lächeln bringen, denn nicht alles ist so, wie es scheint. Der *Fuchs* neben dem *Blumenstrauß* könnte vor Betrug und Schmeichelei warnen. Seien Sie sogar noch vorsichtiger, wenn das *Herz* oder die *Sense* in die Gleichung einfließen. Das bedeutet nämlich: „Täuschung und Schmeichelei führen zu einem verletzten Herzen." Sie wurden gewarnt!

BÄR

Macht und Stärke, groß und gewichtig – nur einige Worte dafür,
was für ein wichtiges Tier ich bin.
Ihre Finanzen gehören in mein Gebiet,
Ihre Ernährung fasziniert mich.
Meine schlechte Seite kommt zum Vorschein,
wenn Sie negative Karten um mich herum liegen sehen.

Der Eisbär ist ein passendes Symbol für die unbezwingbare Würde, die diese Karte anzeigt – ganz gleich, ob sie als Autoritätsfigur, Mutter oder einfach als Stärke gelesen wird. Der Eisbär ist der kraftvollste aller Bären. Außerdem steht seine Farbe symbolisch für den reinen Geist, den er verkörpert. Der *Bär* kann sich auf eine Person beziehen, die eine Machtposition in der Geschäftswelt innehat. Die *Bärin* kann auch eine Matriarchin sein. In China ist der Eisbär als Repräsentant Russlands bekannt. Der *Bär* kann auch ein Symbol für Bürokratie und brutale Stärke sein. Diese Karte könnte Ihnen sagen, dass Sie etwas mit aller Macht durchsetzen sollen.

Eine interessante Kombination wäre beispielsweise *Bär* und *Blumenstrauß*: eine „Eisenfaust in einem Samthandschuh".

STERNE

Glänzendes Funkeln, Führung und Heilung sind,
was ich durch ein sanftes Gefühl verheiße.
Ich bin Zuversicht, Inspiration und ein neuer Weg
bei Ihren Erkundungen.
Wünschen Sie sich etwas bei meinem Anblick,
denn ich bringe Hoffnung und Licht von weit her.

Das historische *Spiel der Hoffnung* ist ein typisches „Würfel-und-renn"-Spiel; dabei sind wir hier nun angelangt beim *Stern,* „der Gutes verheißt". Die Sterne sind auf dem Tierkreiszeichen-Kompass aufgezeichnet, der bezeichnend für ebendiese Reise durch das Leben ist.

Die *Sterne* im Lenormand können als ein festgeschriebener Kurs interpretiert werden, etwas, das vorbestimmt ist. Die *Sterne* zeigen die Notwendigkeit einer Vision wie auch die Suche nach einer Wunscherfüllung. Wir kennen Augen, die „wie Sterne leuchten", oder den Ausspruch, dass wir „unserem Stern folgen" sollen. So ist dies eine Karte des Optimismus und der Ambitionen.

Die *Sterne* sind eine Karte, die auf Erfolg und vielversprechende Möglichkeiten hinweist und darauf, dem eigenen Glücksstern zu danken.

STÖRCHE

*Mit Bewegungen, Aufrüstungen und Verbesserungen
bringe ich Frühling und den Wechsel der Jahreszeiten.
Manchmal steht mein Symbol für neuen Familienzuwachs oder
einfach für einen neuen Entwicklungszustand.
Ich kann Ihr nächster Schritt oder Ihre nächste Beförderung sein.*

Der Storch ist eine berechenbare Kreatur, auch wenn von ihm behauptet wird, Veränderung, wie beispielsweise die Entbindung eines Kindes, zu bringen. In Wahrheit kann man nach seiner Rückkehr in dasselbe Nest jedes Jahr die Uhr stellen. Der Storch ist eine sehr beliebte Kreatur und wird voller Zuneigung betrachtet. Seine Rückkehr ins Nest im Frühling ist der Grund für seine Verbindung mit Geburt und Entbindung, was seine Bedeutung im Lenormand gut zusammenfasst. *Storch* und *Reiter* werden sicherlich Neuigkeiten bringen, besonders in Verbindung mit dem *Brief*.

Das Bild zeigt ein Storchenpaar in seinem Nest, während die strahlende Sonne durch die Wolken bricht. Das Paar schaut nach oben in Richtung der lebenspendenden Sonne, eine der anderen Karten. Der Prozess von Geburt und Leben und danach wieder Tod bringt unvermeidlich „Wandel". Abhängig von den Karten um die *Störche* herum betrifft dies vielleicht einen „Lebensstil-Wandel", oder wenn die Karte beispielsweise mit dem *Haus* kombiniert wird, kann dies einen Wohnungswechsel darstellen.

HUND

Loyalität und Freundschaft sind, wofür ich stehe.
Ich bin Schutz und Vertrauen, Unterstützung und Verlässlichkeit.
Wenn negative Karten in der Nähe liegen, schauen Sie genau hin.
Ich könnte Ihr Ratgeber sein, Ihr Haustier
oder der Liebhaber in Ihrem Bett.

Hier abgebildet ist der Hund als ein verlässlicher, treuer Freund, dem getraut werden kann und der Sie bedingungslos liebt. Dieser Hund ist selbstgenügsam, mehr als zufrieden mit seiner Rolle. Er hält eine Leine im Maul, ein Ball liegt im Hintergrund, wie um zu sagen: „Du weißt, was zu tun ist!": Er ist ein Symbol der Kameradschaft.

Diese Karte ist in der Nähe von *Herr* und *Dame* sehr vertrauenserweckend. Der *Ring* auf seiner rechten Seite dürfte die Beziehung verfestigen.

Der *Hund* kann in einer Legung einen engen Freund bezeichnen, jemanden, der vertrauenswürdig ist. Er trägt dieses Gefühl von Loyalität und Vertrauen auch in die Karten um ihn herum, beispielsweise wäre er kombiniert mit dem *Brief* eine Kommunikation, der Sie trauen können. *Hund* und *Turm* könnten eine Firma oder Autorität bezeichnen, die sich um Ihre Angelegenheiten kümmert.

TURM

Konzerne, Organisationen, Institute und Regierungen
fallen unter meinen Einfluss.
Ich bin Grenzen und Einschränkungen,
also hüten Sie sich vor Isolation.
Ich beschreibe Ihre Ambitionen wie auch Ihre Erwartungen und
auch Ihre höhere Bildung sollten wir nicht vergessen.

Anders als der *Turm* im Tarot symbolisiert für mich der *Turm* im Lenormand eine Struktur, die Schutz und Sicherheit bietet. Im *Spiel der Hoffnung* ist er ein Wachturm, der auf einer Anhöhe errichtet ist, um das Land umher zu überwachen. Zur Entstehungszeit des Decks dienten diese Orte auch als Grenz- oder als Passierkontrolle in die Stadt. Dadurch haben sie vielfältige Bedeutungen, die von Autorität über Erziehung bis hin zu Orten von Machtausübung und Amtshandlungen reichen.

Der *Turm* ist ein Sitz der Macht und oft der Bürokratie. In Kombination mit dem *Brief* ist er ein gefürchtetes Formular, das ausgefüllt werden muss. Noch schlimmer ist er, wenn er von der *Schlange* begleitet wird. Lesen Sie dann das Kleingedruckte auf der Versicherungspolice!

In manchen Büchern symbolisiert er Isolation, wie zum Beispiel eine Eremitage. Dann hat er auch okkulte Bedeutungen, auf die die entfernten Türme ebenfalls anspielen können. Manchmal ist etwas in Ihnen selbst, um das sich die durch den *Turm* symbolisierte Wache kümmern soll.

PARK

Wenn Sie auf eine Party, ein Konzert oder zu einem Geschäftstreffen gehen, zeige ich mich sicherlich in Ihrer Legung. Sie finden mich bei einer Versammlung oder einem gemeinsamen Retreat, einem Aufstand oder einem Picknick.
Ich mag die Menge und öffentliche Veranstaltungen, daher bin ich logischerweise bei allen Ihren Vernetzungsplänen nützlich.

Zur Zeit der Entstehung des Lenormand-Decks waren ein Park oder ein Garten ein gesellschaftlicher Raum, ein Treffpunkt. Es war ein Ort für Ausflüge, um sich auszutauschen und zu vernetzen. Ein Ort, an dem Beziehungen geschmiedet wurden. Hier wird die Karte oft als kultivierter Garten mit einem Springbrunnen dargestellt, vielleicht eine Anspielung auf Nürnberg, wo das *Spiel der Hoffnung* entstand.

Es geht um den öffentlichen Raum geht. Wenn diese Karte gedeutet wird, fügt sie das Thema „öffentlich" den Karten in ihrer Umgebung bei. *Park* und *Turm* würden eine öffentliche Organisation bedeuten, *Park* und *Buch* öffentliche Bildung. Am besten nehmen Sie Lenormand-Bedeutungen ganz wörtlich. Die Karte kann die Wichtigkeit von Geselligkeit unterstreichen und vielleicht sagt sie Ihnen, dass Sie mehr Eigenwerbung betreiben müssen, besonders in Kombination mit dem *Mond*. Eine moderne Bedeutung dieser Karte in der Kombination mit *Herz* könnte Online-Dating sein. Wenn wir *Park*, *Herz* und *Brief* hätten, wäre dies im 21. Jahrhundert die E-Mail des „Herzensmannes", auf die Sie warten.

BERG

Ich komme, um Ihnen Herausforderungen und Hindernisse
samt Blockaden und Widerständen zu bringen.
Ich lasse Sie zu spät zum Rendezvous erscheinen
und kühle lodernde Emotionen ab.
Seien Sie vorsichtig und geben Sie Acht,
denn ich kann der Feind in Ihrer Behausung sein.

Der *Berg* symbolisiert Hindernisse auf Ihrem Weg. Während er vielleicht dazu da ist, erklommen zu werden, ist er uns sicherlich im Weg – so wie dem Tier, das auf der Karte zum Gebirge aufblickt. Im *Gilded Reverie* erscheint der *Berg* als ein fast unüberwindbares Hindernis. Ganz im Einklang mit seiner ursprünglichen Bedeutung als Karte des Umwegs verlangsamt er uns. Tatsächlich zeigt er in Kombination mit anderen Karten, dass wir unsere geplante Route verlassen und einen anderen Weg nehmen sollen.

Überlegen Sie, was der *Berg* in Kombination mit dem *Turm* bedeutet: Verzögerung durch ein staatliches Organ. Oder *Berg* in Verbindung mit *Kreuz:* ein sehr harter Kampf.

Andere Karten ähnlichen Charakters sind *Wege,* die eher Entscheidungen als Umwege und Verzögerungen bedeutet, oder *Sterne,* die gute Aussichten und klarere Orientierung bietet.

WEGE

Entscheidungen und Auswahl biete ich an,
Alternative Richtungen sind es, was ich verheiße.
Ich spreche mit vielfältiger und doppelter Bedeutung,
und wenn ich unter einer Beziehung liege,
kann ich Ärger bedeuten.

Es kommt eine Zeit, wenn Sie sich für den einen oder den anderen Weg entscheiden müssen. Kein Weg ist richtig oder falsch, aber nur einer kann genommen werden.

Hier sehen wir Stufen, die uns aufwärts und vorwärts zu diesem Punkt der Überlegungen tragen. Treppen und Stufen stehen symbolisch für den Aufstieg zu einem höheren Ort. Einem viel besseren Ort, an dem die Möglichkeiten – wenn Sie einmal durch die Türen oben getreten sind, die zu den Sternen führen – unendlich sind.

MÄUSE

Sie wollen mich nicht in Ihrem Haus, Sie wollen mich nicht in Ihrer Bluse. Ich bringe Ihnen Verlust, ich bringe Diebstahl samt Zerstörung und Verfall. Ich bin Ihr Stress und Ihre Ängste, ich bin die Sorgen der Gesellschaft. Ich bin Ihr Ärgernis, ich bin Ihre Pest, ich bringe Krankheit in Ihr Nest.

Die hier abgebildeten Mäuse sind absolut zufrieden mit ihrer Arbeit, der allmählichen Zerstörung von Besitz und Ressourcen. Sie knabbern emsig an Materialien, Früchten und Brot. Sie scheinen keinen Respekt vor Eigentum zu haben und nagen schnell vor sich hin, solange niemand hinsieht.

Die *Mäuse* stehen symbolisch für Verlust, sei es die allmähliche Auflösung Ihrer Ersparnisse in Kombination mit den *Fischen* oder ein tatsächlicher Diebstahl.

Die Gegenwart der *Mäuse* bringt einen „Häppchen"-Effekt für die Deutung: Etwas geschieht in kleinen Schritten. Das heißt nicht, dass dies keine kraftvolle Karte ist – die Mäuse hier können ja ganz entzückend sein, aber nicht wenn sie in Ihrer Küche gefunden werden. Sie sind der nörgelnde Aspekt des Lebens, sie repräsentieren ein Thema in Ihrem Leben, das für Sie zum Ärgernis geworden ist und einfach nicht verschwinden und Sie in Ruhe lassen will! Es beunruhigt Sie. Diese Karte ermahnt Sie auch, gut auf Ihren Besitz zu achten. Denn diese *Mäuse* sind schreckliche Hamster und repräsentieren am ehesten „Diebstahl".

HERZ

*Die Gestalten von Glück und Liebe sind einfach
in meine Form gemalt.
Ich bin Ihre Gefühle und Emotionen.
Ich bin Ihre Leidenschaft und Hingabe.
Stellen Sie nur sicher, dass keine schlechten Karten
um mich herum liegen, die diese Zärtlichkeit
und Zuneigung verderben könnten.*

In alten Lenormand-Decks variiert die Darstellung des *Herzens* vom beinahe anatomischen Herzen bis hin zum romantischen Kitsch, verziert von Blumen und anderen Ornamenten.

Das *Herz* symbolisiert natürlich Liebe und Beziehung. Hier wird das Herz durch zwei Schwäne geformt, einen Vogel also, der für Minne und kultivierte Beziehung, für Monogamie und andauernde Liebe steht.

Das *Herz* ist im Lenormand stets eine Karte wohltuender Emotionen. Die Kombination von *Herz, Klee* und *Ring* verspricht Liebe, Glück, Verbindlichkeit und Ehe. *Herz* und *Rute* oder *Sense* ist wohl eher keine so Glück bringende Kombination.

RING

Ein wertvoller Gegenstand ist, was ich bin,
um in Ehe und Verbindlichkeit zu binden.
Ich bringe Harmonie in Bündnisse, solange negative Karten
weit entfernt von mir sind. Ich bin der Vertrag und
das Versprechen in Partnerschaften und Unternehmungen.
Ich bin das Symbol der Vollendung und die Form ewiger Hingabe.

Das *Spiel der Hoffnung* teilt uns mit, dass es eine Belohnung bringt, den *Ring* zu finden. Im *Gilded Reverie* sehen wir einen Rubin-Ring, der Verbindlichkeit symbolisiert. In der Symbolsprache der Edelsteine ist der Rubin Garant für ökonomische Stabilität: In einigen Kulturen wurde er im Fundament eines Gebäudes vergraben, um Glück zu sichern.

Der *Ring* ist ein Symbol für Verbindlichkeit und kann von einem Vertrag zwischen zwei Menschen oder einem Geschäftsvertrag sprechen. Der *Ring* ist ein Wertobjekt für alle, die ihn tragen.

BUCH

Das Buch des Wissens, das Buch der Geheimnisse:
Was ich beherberge, ist lehrreich und privat.
Ich kann Ihr Projekt oder Ihre Recherche sein
und manchmal Ihre Ausbildung und Ihr Tagebuch.
Betrachten Sie die Karten um mich her, denn liege ich bei der
Sonne, werden Sie direkt durch mich hindurchsehen.
Ich bin versteckt, ich bin unbekannt,
aber gelegentliches Wissen kann ich lernen.

Das *Buch* lenkt die Aufmerksamkeit auf die Macht des Wissens und auf die Wichtigkeit, es zu besitzen. Diese Karte kann anzeigen, dass es etwas gibt, was jemand wissen muss. Doch wird dies nur deutlich durch die Bedeutung der umliegenden Karten.

Das *Buch* dient als Triebkraft für die Fantasie. Das *Buch* des *Gilded Reverie* verspricht uns Geschichten über große Mysterien innerhalb seiner Seiten. Es trägt eine mechanische Wählscheibe auf dem Einband, die die Mechanismen des Lernens symbolisiert.

Das *Buch* öffnet sich zur rechten Seite der Karte, was in einer Auslage auf die Richtung hinweist – auf das, was durch das Lernen eröffnet wird. Liegt beispielsweise der *Hund* rechts vom Buch, ist etwas über einen engen Freund zu lernen. Die nächste Karte zur Rechten könnte anzeigen, was zu lernen wäre: wie mit *Ring* oder *Störche*. Sie könnten dann Ihren engen Freund überraschen, indem Sie ihm sagen: „Glückwunsch zur Verlobung" oder „Wow, ein Baby!" – bevor er Ihnen etwas gesagt hat.

Brief

*Ich bin ein Dokument, ich bin eine Nachricht, ich bin Information,
ich bin ein Paket. Manchmal kann ich eine Rechnung,
ein Zertifikat oder ein Testergebnis sein.
Sie können mich als Ihre Post, als Newsletter und als Auszeichnung
finden. Schauen Sie um mich herum, um mehr darüber
herauszufinden, was ich genau bin.*

Der hier abgebildete von Mlle Lenormand geschriebene Brief verbindet ihren Namen mit dem Geist dieses Decks. Obwohl sie die Karten nicht benutzt hat, die heute ihren Namen tragen, wäre sie zweifellos erstaunt und entzückt, durch deren ständige Verwendung bis heute gewürdigt zu werden. Dies ist eine Verbindung, die der *Brief* bringt – eine intime Kommunikation, eine Vertraulichkeit.

Der *Brief* zeigt eine Kommunikation an, die uns noch nicht erreicht hat, eine langsamere Form der Übermittlung, ein geduldiges Warten darauf, eine Verbindung herzustellen. Es ist der *Brief* – jedoch ohne einen *Reiter*, der ihn eilig zu uns bringt. Anders als das *Buch* bringt der *Brief* vielleicht kein Wissen oder Neuigkeiten (wie der *Reiter*), sondern eine einfache Rückmeldung. Die Feder auf dem *Brief* ist der Federkiel, der seit Urzeiten Wahrheit und Kommunikation symbolisiert: Lasst uns immer geradeheraus schreiben.

Herr

Signifikator für den männlichen Fragenden oder die signifikante andere Hälfte der weiblichen Fragenden.

Ein elegant gekleideter Mann sitzt auf einem Stuhl, eine rote Rose in der Hand. Er scheint auf seine Begleitung zu warten. Im Hintergrund erhellt ein Fenster das Bild, das ansonsten schmucklos ist. Es spricht vom Warten, von Geduld, von stillem Ertragen.

Es ist eine Empfindsamkeit in diesem Bild, die die Essenz der Romantik vermittelt. Der Mann blickt zur linken Seite der Karte.

DAME

Ich kann die Deuterin sein
oder die weibliche Hauptperson Ihrer Legung
oder die Partnerin des Fragenden.

Signifikator für die weibliche Fragende oder die signifikante andere Hälfte des männlichen Fragenden.

Eine Frau schaut von ihrem Buch auf, lässt ihre Gedanken treiben. Es besteht eine Gemeinsamkeit von Stimmung und Atmosphäre, die diese Frau und diese Karte mit ihrem männlichen Gegenüber verbindet.

Die rote Rose schafft einen weiteren Punkt der Verbundenheit, die sie zusammenschmiedet: ein Zeichen, ein Geschenk, etwas Gegebenes und Erhaltenes. Etwas, das man miteinander geteilt hat.

LILIEN

Ruhe, Frieden und Gelassenheit sind, was ich predige.
Ihre Eltern und Ahnen tauchen unter meinem Symbol auf.
Ich bringe Weisheit und Erfahrung.
Ich stelle eine lange Zeitspanne dar.
Zufriedenheit und Befriedigung sind es, worauf ich abziele.

Aus heidnischer Sicht steht die *Lilie* symbolisch für Sexualität und Leidenschaft, aber auch für Reinheit. Sie kann auch Mutterschaft symbolisieren. Als Resultat spiegeln diese ruhig wirkenden Blumen vor dem gravierten Glas im Hintergrund eine Reihe von Interpretationen. Dass sie sowohl im glatten Glas gedeihen und gleichzeitig ewig darin gefangen sind – völlig wesenlos –, zeigt die zwei Seiten dieser Karte.

Wir könnten die *Lilie* als eine Reihe von Erregungszuständen sehen – sexuell, nährend – oder als nicht vorhandene Erregung bei Keuschheit. Die *Lilie* macht die Karten um sie her „rein", „einfach" oder erweckt ihre Natur.

Eine Kombination wie *Lilie* und *Bär* kann in einer Situation sicher die Macht einer Mutter oder Mutterfigur anzeigen, abhängig von der Frage.

SONNE

Ich bin Erfolg, hören Sie mein Gebrüll!
Ich kontrolliere Ihr Ego und Charisma,
ich stärke Ihr Selbstvertrauen und Ihren Mut.
Ich bringe Sieg und Ruhm, aber hüten Sie sich davor, zu anmaßend
zu werden, oder Sie werden als hochmütig gebrandmarkt.

Das Sonnengesicht, wie das des Mondes auf der folgenden Karte, zeigt die wesentliche Bedeutung dieser Karte als Segen – als Erfolg und großes Glück. Auf dieser Karte sehen wir auch eine Zeitspannenrolle wie bei einer Sonnenuhr, denn die Sonne markiert das Verstreichen der Stunden. Auf der Karte fällt der Schatten auf die Zahl sechs, eine Sonnen-Zahl.

Die Sonne scheint und alles wächst unter ihrem Licht. Die die *Sonne* umliegenden Karten in einer Großen Tafel werden gut aspektiert sein und die Karte verspricht auch Gutes am Ende einer Auslage.

Das Licht, das von dieser *Sonne* ausgeht, ist seiner Natur nach energetisierend und revitalisierend. Es kann auch das Selbstvertrauen „ins Licht zu treten" symbolisieren, wenn Sie sich für ein Projekt engagieren oder einen neuen Weg einschlagen.

MOND

Liebe und Romantik, Intuition und mediale Fähigkeiten,
Fantasie und Kreativität sind nur einiges, wofür ich stehe.
Ich erstrecke mich über den Himmel und beeinflusse die Gewässer.
Ich werde überall bewundert, ich bringe Ruhm, ich bringe Ehren.

Der *Mond* wird hier als Sichel dargestellt, die in ihren Hörnern die unterschiedlichen Stadien des Mondes trägt – vom Neumond zum Vollmond. Unter der Sichel befindet sich ein mechanisches Modell des Sonnensystems, das anzeigt, dass das Wesen des Mondes in der Mechanik des Universums verankert ist.

Der *Mond* kommt nicht völlig an die Brillanz der Sonne heran, er ist eher wässriger Natur und möchte wirklich ein „Star" sein – er möchte Anerkennung haben. Denken Sie an die gefühlvollen Sirenen der Leinwand, die intuitiv, methodisch handeln. Die die Emotionen ihrer gespielten Rolle leben, um sie zu verkörpern. Dies setzt große Kreativität frei, kann aber auch Opfer fordern, wie Marilyn Monroe. Der *Mond* bringt emotionale Erleuchtung. Doch gedeiht der *Mond* erst wirklich in nächster Nähe der *Sonne*. Er braucht die kraftvolle Energie, die die *Sonne* ausstrahlt, um in der Welt mit voller Kraft zu scheinen.

In der Lenormand-Tradition bedeutet der *Mond* Anerkennung durch andere, die auf einen selbst zurückscheint. Daher steht er für Ruhm oder Berüchtigtsein. Er erhellt nur, was andere auf ihn projizieren. Taucht er also in einer Legung auf, ist sorgfältige Reflexion notwendig.

SCHLÜSSEL

Entdeckungen und Lösungen sind meine Stärke. Sie werden mich in Synchronizitäten, Omen und im Schicksal finden. Wenn ich in Ihrer Nähe falle, seien Sie gewiss, dass Sie selbst die Mittel und Antworten auf Ihre Sorgen haben. Wenden Sie Ihren Blick auf meine rechte Seite: Dort zeige ich, was besonders wichtig ist oder was ans Licht muss.

Die Lösung des Problems kann durch den Besitz des *Schlüssels* gefunden werden. Er eröffnet ebenso, wie er absichert – abhängig davon, wie er liegt. Die Antwort ist in Ihrer Reichweite, dies ist eine Karte der Befreiung, doch kann sie auch ein Werkzeug der Gefangenschaft sein.

Der goldene Vogelkäfig im *Gilded Reverie* spricht von einem Vogelpalast, der zum Gefängnis werden kann. In ihm liegt eine Rose, die ein Geheimnis symbolisiert – ein Geheimnis, das sich enthüllt, wenn der *Schlüssel* es erschließt. Die Rose ist auch ein Symbol der Liebe, das verbreitetste aller Geheimnisse.

Diese Karte kann vieles beeinflussen, neben dem *Herz* kann sie Gefühle öffnen und der „Schlüssel zu Ihrem Herzen" sein. Neben dem *Buch* kann sie „Wissen erschließen" und so weiter. Es ist eine Karte, die viele Möglichkeiten und Neuanfänge bietet.

FISCHE

*Ich bringe Vielfalt und Überfluss.
Ich befasse mich mit Handel und Verkauf.
Ich plädiere für Unabhängigkeit und preise
Eigenständigkeit und Gewerbe.
Wasser, Ausdehnung und Fluss sind meine Branchen.
Sehen Sie sich vor, beschwipst nicht mit sternhagelvoll zu
verwechseln. Sie wollen nicht schwindelig und aufgedunsen enden.*

Die *Fische* im Lenormand symbolisieren Ressourcen und Geld. Die drei Fische hier in der blauen Tiefe zeigen, dass wir tief tauchen können, um Nahrung und Fülle einzusammeln. Die Karte symbolisiert in einigen Traditionen auch Reichtum.

Wo diese Karte auftaucht, lehrt sie uns, das Beste aus unseren verfügbaren Ressourcen zu machen. Im modernen Sprachgebrauch heißt das „spekulieren, um zu akkumulieren" oder „kleine Menge, große Wirkung" – wie immer abhängig von den umliegenden Karten.

ANKER

Mit Stabilität und Sicherheit bringe ich Seelenfrieden.
Ich zwinge Sie zum Durchhalten und helfe Ihnen,
Ihre Ziele zu erreichen.
Schauen Sie sich nach negativen Karten um,
die könnten Sie fesseln und in ein Loch hinabziehen.

In der ursprünglichen Spielanleitung für die Karten, die später zu den Lenormand werden sollten, ist dies das wichtigste „Blatt" des ganzen Spiels, da derjenige, der auf dieses Bild der Hoffnung kommt, das Spiel gewonnen hat und den gesamten Geldtopf kassiert.

Der *Anker* ist das traditionelle Symbol für Hoffnung (oder Vertrauen) und ist die letzte Karte vor dem auf ihn folgenden Tod – dem *Kreuz*.

Der *Anker* bietet Stabilität und Sicherheit, das Vertrauen, dass Ihre harte Arbeit sich langfristig auszahlen wird. Der *Anker* des *Gilded Reverie* ist mit zwei Fischen verziert, die „Fülle" und „Reichtum" symbolisieren. Dies ist eine Karte der Absicherung. Sie werden in Zeiten der Not beschützt.

KREUZ

Ich bin der Bringer von Trauer, Traurigkeit, Last und Prüfungen.
Schmerz, Leiden und Schuld sind die Bereiche meiner Kompetenz.
Ich fordere Weinen, Tränen und Klagen
und verlange Gebet und Flehen.
Wenn glückliche Karten zu meiner Rechten liegen,
sollte Ihr Schreck nicht zu groß werden.

Das *Kreuz* im Lenormand ist ein Symbol des Leidens, universell und unvermeidlich. Es ist der Zustand, die Last anderer zu tragen, die nicht für ihre Handlungen zur Rechenschaft gezogen werden können, also das „Kreuz, das wir tragen müssen".

Diese Karte ist der „Ruf", Verantwortung zu übernehmen, koste es, was es wolle. Positiv gesehen kann damit Erlösung einhergehen – abhängig von den umliegenden Karten.

Legemuster
&
Grosse Tafel

Die Grosse Tafel

Die *Große Tafel* (auch *Grand tableau* oder *Großes Blatt* genannt) ist unbestreitbar das spannendste Deutungserlebnis mit einem Lenormand-Deck. Das mächtige Legemuster ist ein riesiges, reizvolles „Tisch-füllendes" Arrangement. Auf den ersten Blick kann das Aufgebot an Karten einschüchternd und sogar überwältigend wirken. Aber ich verrate Ihnen ein kleines Geheimnis: Die Karten werden Stück für Stück betrachtet, angefangen bei einer Fokus-Karte (Signifikator) und dann weiter ausstrahlend, Karte für Karte, sich allmählich entfaltend wie eine Rose, die sich öffnet. Die komplette Auslage wird Ihnen Einzelheiten liefern, die tiefgreifende Klarheiten und Einsichten geben.

Eine Große Tafel zu deuten, ähnelt dem Lesen eines Romans: Sie erforschen verschiedene Kapitel und genießen es zu beobachten, wie Charaktere und Situationen sich miteinander verschmelzen und verweben, um eine gemeinsame Erzählung zu schaffen.

Im Folgenden zeige ich Ihnen, wie Sie den Lenormand-Blumenstrauß Blatt für Blatt entfalten. Die Verwendung einer systematischen Herangehensweise ermöglicht es Ihnen, die Karten auf strukturierte Weise zu verdauen, damit Sie keine „Verstopfung" durch übermäßigen Kartengenuss bekommen. Erforschen Sie die Große Tafel in Ihrem Tempo, und beobachten Sie, wie sich ein schöner Roman vor Ihren Augen ausbreitet: die Lebensgeschichte eines Menschen.

Alles an einem Ort

Die Große Tafel ist ein Schnappschuss aus dem Leben eines Menschen und erfasst seine derzeitigen Themen und Erfahrungen. Das Schöne an einer Großen Tafel ist, dass fast jede Frage (Ihre eigenen oder die eines Klienten) mit den Karten angegangen werden kann, die schon in der Großen Tafel ausliegen.

Halten Sie Ausschau nach Liebe? Suchen Sie das *Herz* in der Auslage und Sie werden entdecken, welche Entwicklungen die Karten um das *Herz* herum anzeigen. Will die Fragende ihr Heim verkaufen? Die Karten um das *Haus* werden die gesuchte Antwort haben. Wenn Sie nach Informationen über ein Buch suchen, das Sie schreiben wollen, haben Sie ein fertiges *Buch*, das Sie führt, wohin Sie wollen.

All dies kann in einer Sitzung abgehandelt werden, ohne die Karten jemals neu zu mischen. Vielfältige Fragen können gestellt werden, während dieselbe Auslage auf dem Tisch bleibt. Bei jeder Frage bedarf es nur eines Blicks nach unten auf das, was Sie schon auf dem Tisch liegen haben.

Hier ein zusätzliches Plus: Beim Lenormand ist nicht einmal eine Fragestellung nötig. Der Zusammenhang wird Ihnen geliefert. Selbst wenn der „Fragende" eigentlich keine Frage hat, kann die Große Tafel ihm spiegeln, was er wünschen oder wissen möchte. Dies ist eine mächtige Erfahrung, für die Klienten wie auch für die Deuter. Die Energien, die bei einer Lenormand-Auslage zusammenkommen, sind konkret und klar.

Kommt also jemand zu Ihnen und will „nur" einen allgemeinen Rundblick, gibt es keinen Grund panisch zu werden, da in diesem großartigen Legemuster jeder Aspekt des Lebens konkret vor Ihnen ausgebreitet wird. Es ist eine Art magisches Erlebnis!

Bekanntlich wird eine Lenormand-Karte anders als eine Tarot-Karte gedeutet. Eine begrenzte Reihe von klaren, festgelegten Bedeutungen sollte auf Ihre Karten bei jeder Deutung angewendet werden. Die Karten werden zu Paaren verschmolzen, um eine neue gemeinsame Bedeutung zu schaffen. Wählen Sie Ihre Methode und Ihre Bedeutungen und halten Sie sich genau an diese – oder Sie werden sich selbst verwirren, weil Sie abstrakte Antworten in den Motiven suchen anstatt das, was Sie in konkreter Sprache direkt vor sich sehen.

Was ist ein Signifikator?

Der „Signifikator" ist eine Karte, die das Thema definiert, zu dem Sie Antworten haben wollen. Deuten Sie für eine Frau, ist die *Dame* Ihr Signifikator und Fokus-Karte in der Auslage. Sie beginnen Ihre Deutung bei dieser Karte und arbeiten sich von ihr nach außen. Wenn Ihr Fragender männlich ist, ist der *Herr* Ihre Karte im Zentrum oder Ihr Signifikator und Sie können mit ihr beginnen.

Will jemand etwas über die Arbeit wissen, können Sie sich im Kopf darauf vorbereiten, welche Karte „Arbeit" repräsentieren wird. Wird es der *Turm* sein? Der *Bär*? Der *Fuchs*? Der *Anker*? Abhängig von Ihrem ausgewählten System wird Ihre „Arbeitskarte" vielleicht unterschiedlich sein. Sie entscheiden selbst, welche Karte Ihr Signifikator und Ausgangspunkt ist. Um eine kleinere Legung zu kreieren, kann die Auswahl des Signifikators mit einigen umliegenden Karten, die dazu gezogen werden, ein guter Weg sein. Doch halt … das ist eine andere Auslagetechnik für einen anderen Zeitpunkt. Lassen Sie uns jetzt die Mutter aller Lenormand-Legemuster angehen: unsere *Große Tafel*.

Wie die Karten bei einer Großen Tafel ausgelegt werden

Mischen

Es gibt viele Möglichkeiten, Karten zu mischen. Diese Entscheidung überlasse ich Ihnen. Ich wirble sie gern ordentlich auf dem Tisch herum, drehe sie mit der Rückseite nach oben im Kreis, um sie völlig neu zu sortieren. Dann stapele ich sie zu einem ordentlichen Haufen und mische sie gut mit den Händen, bis sich die Karten „richtig und fertig" zum Arbeiten anfühlen.

Wie Sie die Karten dann als Großes Blatt auslegen, bleibt Ihnen überlassen. Vielleicht möchten Sie zuerst die vier Eckkarten auslegen und dann den Rest „einfüllen". Vielleicht möchten Sie in der oberen linken Ecke beginnen und Position für Position nach rechts wandern, um so die Karten Reihe für Reihe abzulegen. Oder vielleicht wollen Sie sie von oben nach unten in Reihen auslegen. Vielleicht erspüren Sie wild und zufällig, wo die Karten landen wollen, und legen Sie in beliebiger Ordnung aus. Ich habe alle diese Systeme ausprobiert, und auch wenn Sie aus manchen bessere Rituale für sich machen können oder sie sich einfach „richtiger" anfühlen, können Sie versichert sein, dass letztendlich alle funktionieren. Was Sie entscheiden, was sich für Sie am besten „anfühlt", ist Ihre beste persönliche Entscheidung.

Bei meinen meisten eigenen Legungen fange ich mit der oberen linken Ecke an und lege die Karten eine nach der anderen von links nach rechts mit dem Bild richtig herum nach oben aus. Dabei bewege ich mich systematisch von links nach rechts durch jede Reihe und von der obersten Reihe abwärts nach unten ungefähr so, wie wir ein Buch lesen.

Lenormand-Karten werden immer richtig herum nach oben ausgelegt. Umgedrehte Karten (Karten, deren Bedeutung sich ändert, wenn sie verkehrt herum liegen) sind nicht notwendig und werden bei der Interpretation der Lenormand-Karten nicht berücksichtigt. Ich schwöre auf umgedrehte Karten im Tarot, aber beim Lenormand werden umgedrehte Karten nicht verwendet.

Die zwei wichtigsten Legemuster der Großen Tafel

Es gibt zwei übliche Legeweisen der *Großen Tafel*. Welche Sie lieber verwenden, bleibt ganz Ihnen überlassen.

Die erste Version besteht aus vier Reihen à neun Karten und wird das **9 x 4- (Neun-mal-vier-) Legemuster** genannt. Das andere Legemuster verwendet vier Reihen à acht Karten und platziert die vier überbleibenden Karten ordentlich in die unterste Reihe. Die letzten vier Karten werden manchmal „Schicksalskarten" oder „Bestimmungskarten" genannt und können ihre eigene spezielle Botschaft enthalten. Dieses Legemuster heißt das **8 x 4 + 4- (Acht-mal-vier-plus-vier-) Legemuster**.

Beide Legeweisen werden grundsätzlich auf die gleiche Art gedeutet, aber die letztere enthält jene abschließende Vier-Karten-Sequenz, die eine hilfreiche und erhellende Botschaft für den Abschluss Ihrer Interpretation darstellen kann. Manche werden sagen, dass diese letzten vier Karten eine wichtige Nachricht für die Zukunft beinhalten. Andere werden sie als Beschreibung der momentanen Seelenerfahrung sehen oder als eine Lebensaufgabe, die durchgearbeitet werden muss.

Ein Beispiel aus der Deutungspraxis

Lassen Sie uns gemeinsam unsere erste Große Tafel betrachten. Nehmen wir an, unser Klient ist ein Mann ohne spezifische Fragestellung, der aber wissen möchte, was in seinem Leben auf ihn zukommt. Seine Karten sehen folgendermaßen aus:

Technik

Der Ausgangspunkt der Deutung ist entweder der Signifikator Ihres Klienten oder die vier Ecken der Auslage, die zeigen, was die Auslage „einrahmt". In diesem Fall beginne ich mit den vier Ecken, um den wesentlichen Inhalt der Auslage zu erkennen. Danach betrachten wir den Signifikator.

Die Situation einkreisen

Jede Große Tafel enthält eine bestimmte Situation oder Energie. Ein schneller Weg, die Lage zu überblicken, ist es, sich zuerst anzusehen, was Ihre Auslage „einrahmt" – nämlich die vier Ecken. Sie sind der Rand oder Außenbereich von allem, was Ihre Auslage beinhaltet, und die Botschaft, die Sie ausdrücken werden. In unserem Beispiel sehen wir *Bär*, *Mond*, *Sense* und *Anker*.

→ *Bär* ist für mich ein Großunternehmen und ein Manager oder Chef.

→ *Mond* ist unser Ruf, wie wir in der Welt gesehen werden und wie etwas oder jemand wahrgenommen wird.

→ *Sense* ist etwas, was wir weggeschnitten oder getrimmt haben oder dem wir kritisch gegenüber eingestellt waren.

→ *Anker* sehe ich als harte Arbeit, Stabilität, lang anhaltende Arbeit.

Denken wir daran, dass die kraftvollsten Botschaften des Lenormand nicht von einzelnen Karten, sondern aus der „Mischung" oder „Kombination" zweier oder mehrerer Karten herrühren. Wir können diese vier Eckkarten wie folgt kombinieren und so die Entfaltung einer Situation ablesen: eine Begrüßungsbotschaft, die uns einen Einblick in die vorrangigen Energien unserer Auslage gibt.

→ **Bär / Mond** = ein Chef oder Manager (*Bär*), der kontrolliert, wie wir gesehen oder wahrgenommen werden (*Mond*)

→ **Mond / Anker** = ein Ruf (*Mond*), der stabil und hart erarbeitet ist (*Anker*)

→ **Anker / Sense** = Stabilität (*Anker*) wurde abgeschnitten / getrimmt / entfernt / kritisiert (*Sense*)

- → *Sense / Bär* = einen Chef feuern *(Sense)*, eine Geschäftsleitung neu besetzen, ein Großunternehmen hinter sich lassen
- → *Bär / Anker* = eine Geschäftsleitung *(Bär)* oder ein Chef schaffen Stabilität *(Anker)*
- → *Sense / Mond* = Kritik *(Sense)* daran, wie etwas gesehen oder wahrgenommen wird *(Mond)*, etwas wegschneiden *(Sense)*, das den eigenen Ruf oder wie man in der Welt gesehen wird *(Mond)* beeinträchtigt

Hier treffen wir also auf den Kern unserer sich entfaltenden Geschichte. Sie wird damit zu tun haben, dass sich jemand von seiner Betriebsleitung getrennt hat, weil er sich nicht wohl damit fühlte, einen Manager oder Chef zu haben, aber auch Arbeit braucht, die lang andauernd und sicher ist, und etwas erleben muss, das seinen Ruf auf lange Zeit hin stabilisiert. Wie der Ruf oder das Wesen dieser Person in der Welt wahrgenommen werden wird, ist zweideutig: entweder stabil *(Anker)* oder er muss vielleicht Verluste hinnehmen *(Sense)*. Herauszufinden, was hierbei den Unterschied ausmacht, wird eine wichtige Aussage in dieser Großen Tafel sein.

Lassen Sie uns also tiefer graben und unseren Fragenden treffen, um mehr über die Geschichte unseres Mannes zu erfahren.

Die persönliche Energie unseres Signifikators

Welche Energie umgibt unseren Fragenden? Da unser Klient männlich ist, gehen wir direkt zum Signifikator, der „Personenkarte", die in diesem Fall der *Herr* ist.

Was umgibt ihn? Die Karten, die die vier Seiten unseres Signifikators berühren, zeigen die derzeitig stark wirkenden Energien um ihn herum. Die Karten Richtung Norden, Süden,

Westen und Osten halten eine zusätzliche Einstiegsinformation für Sie bereit.

Von oben im Uhrzeigersinn gelesen haben wir: *Reiter, Blumen, Brief* und *Schlüssel*. Lassen Sie uns nun diese Karten zu Kombinationen mit den jeweils gegenüberliegenden Karten paaren. Die Kombination von *Reiter* über dem Signifikator und *Brief* darunter weist auf Bewegung und Nachrichten hin. Eine Form von Information wird von einer Person an eine andere überbracht. Es könnte etwas sein, worauf der *Herr* wartet,

oder etwas, was er aussendet. Wir werden mehr darüber erfahren, während wir fortfahren.

Die Karten links und rechts von unserem *Herren* sind *Schlüssel / Blumen*. Hier wird uns mitgeteilt, dass der „Schlüssel" oder das, was gebraucht wird, dem Geschenk (*Blumen*) innewohnt.

Wenn wir weiterhin dieselben vier Karten betrachten und uns auf jene konzentrieren, deren Ecken sich berühren, können wir die folgenden Kombinationen erkennen, die wir unserer Geschichte hinzufügen:

→ *Reiter / Blumen* = Jemand bringt (*Reiter*) ein Geschenk (*Blumen*).
→ *Blumen / Brief* = Das Geschenk (*Blumen*) ist etwas, das eine Nachricht bringt (*Brief*).
→ *Brief / Schlüssel* = Diese Nachricht (*Brief*) enthält die Antwort/en (*Schlüssel*) und öffnet etwas Notwendiges.
→ *Schlüssel / Reiter* = Die Person, die die Nachricht bringt (*Reiter*), könnte einen Teil der Erkenntnis (*Schlüssel*) besitzen.

Nun lassen Sie uns weitere Karten hinzufügen. Lassen Sie uns die Karten hinzufügen, die zwischen den Karten liegen, die wir gerade gedeutet haben. Die, die unseren Signifikator „einfassen" oder „einrahmen". Jetzt haben wir quasi eine Neun-

Karten-Auslage, die mit den neu hinzugefügten Karten wie folgt aussieht:

Klee – Reiter – Schiff
Schlüssel – Herr – Blumen
Hund – Brief – Park

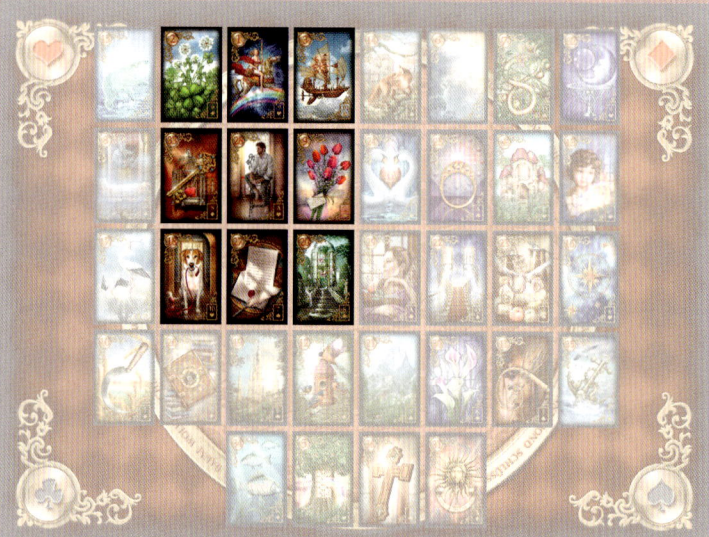

Lassen Sie uns nun herausfinden, welche neue Botschaft uns nur diese neuen Eckkarten vermitteln, wenn sie in Kombination zu uns sprechen:

↬ *Klee / Schiff* = Bewegung (*Schiff*) wird ein wenig Glück (*Klee*) bringen.

↬ *Klee / Park* = Ein wenig Glück (*Klee*) wird einer Gemeinschaft (*Park*) gegeben oder geht von ihr aus.

↬ *Klee / Hund* = Ein wenig Glück (*Klee*) wird von einem treuen Freund (*Hund*) bereitgestellt.

↬ *Schiff / Hund* = Eine Form des Transports / der Bewegung (*Schiff*) wird von oder für einen Freund (*Hund*) bereitgestellt.

↬ *Park / Hund* = Ein Freund (*Hund*) in einer Gemeinschaft (*Park*).

↬ *Hund / Park* = Eine treue (*Hund*) Gemeinschaft (*Park*).

↬ *Schlüssel / Park* = Der Schlüssel (*Schlüssel*) wird von / für die Gemeinschaft (*Park*) bereitgestellt.

Mit denselben acht Umgebungskarten bilden wir noch weitere Kombinationen.

↬ *Hund / Brief* = Ein Freund (*Hund*) überbringt eine Botschaft (*Brief*).

↬ *Hund / Blumen* = Ein Freund (*Hund*) überbringt ein Geschenk (*Blumen*).

↬ *Hund / Schiff* = Ein Freund (*Hund*) bringt etwas in Bewegung (*Schiff*).

wunderschön (*Blumen*) und ein Geschenk (*Blumen*) für die Gemeinschaft (*Park*). Ein Freund (*Hund*) wird Teil der Auslieferung dieses Produkts (*Brief / Schiff*). Die Antwort (*Schlüssel*) für Auslieferung und Vertrieb (*Schiff*) liegt bei den Freunden (*Hund*) und der Gemeinschaft (*Park*). Es liegen sowohl großes Glück (*Blumen*) als auch kleine Glücksmomente (*Klee*) in dieser Nachricht (*Brief*), in den Freundschaften (*Hund*), in den Reaktionen der Gemeinschaft (*Park / Blumen*) bedeutet eine wunderschöne Resonanz aus der Menge).

Dies sind alles für mich positive Karten, die von Bewegung, Schönheit und Ausstreuen der Botschaft sprechen. Das verheißt also Gutes für dieses Deck (das Glück von *Klee*, *Blumen* und *Park / Gemeinschaft* ist auf seiner Seite)!

Drei einfache Sätze zur Geschichte

Wir können dasselbe kleine Neun-Karten-Arrangement in drei Reihen oder drei Säulen unterteilen, die alle ebenfalls eine Geschichte erzählen, diesmal mit drei Karten.

Die erste Karte wird das „Thema" der Geschichte sein, die die drei Karten erzählen. Die zweite Karte relativiert die erste Karte und die letzte Karte erzählt das Ergebnis oder unterstreicht die Aussagen der vorhergehenden zwei mit einer abschließenden Botschaft:

Sind Sie bereit? Dann lassen Sie uns alles zusammenbringen und alle neun Karten zu einer Geschichte zusammenführen. Welche Geschichte scheint sich unter Berücksichtigung aller gerade gefundenen Kartenkombinationen zu entfalten?

Unter Verwendung der Kombinationen, die wir gerade in diesen neun Karten-Positionen entdeckt haben, sehe ich folgende Geschichte:

Ich frage mich, ob dieser Mann (*Herr*) Ciro ist, der Schöpfer unseres *Gilded Reverie Lenormand*, der eine Botschaft (*Reiter*) hat und ein Produkt auf Papier (*Brief*) erzeugt. Das Deck ist

- ***Klee / Reiter / Schiff*** = kleines Glück *(Klee)* beim Verbreiten der Nachricht *(Reiter)* und ihrer Verteilung oder ihrem Voranbringen *(Schiff)*. Oder zusammengefasst in drei Worten, wobei jede Karte ein Wort oder eine semantische Zusammenfassung darstellt: „Die glückliche Botschaft transportiert / bewegt."
- ***Schlüssel / Mann / Blumen*** = Die Offenbarung *(Schlüssel)* liegt in des Mannes *(Herr)* Geschenk *(Blumen)*.
- ***Hund / Brief / Park*** = Ein Freund *(Hund)* sendet die Nachricht / das Deck *(Brief)* an die Gemeinschaft *(Park)*.

Da ein Orakeldeck ein kleiner gedruckter Gegenstand ist, ist es die perfekte Interpretation der „Brief"-Karte. Es ist sogar auf Papier gedruckt.

Wenn wir dieselbe chronologische Drei-Karten-Geschichten-Technik noch mal verwenden, aber nun nicht horizontal sondern, vertikal deuten, sehen wir drei weitere Geschichten-Sätze:

- ***Klee / Schlüssel / Hund*** = ein kleiner Bonus *(Klee)* beim Erreichen seines Zieles *(Schlüssel)* ist ein Freund *(Hund)*
- ***Reiter / Herr / Brief*** = Bewegung *(Reiter)* des Mannes *(Herr)* Nachricht / geschriebenes Objekt *(Brief)*
- ***Schiff / Blumen / Park*** = Transportieren / Ausliefern *(Schiff)* seines Geschenks oder Talents *(Blumen)* an die Gemeinschaft *(Park)*

Ein breiterer Blick über die Große Tafel

Nun werden wir uns ein wenig über die acht Karten hinauswagen, die unseren Herren einrahmen. Keine Angst, wir machen das strukturiert und häppchenweise.

Wenn wir unseren Signifikator betrachten, ist die vertikale Reihe, in der er liegt – die Karten direkt über und unter ihm –, sein „Jetzt" oder seine „Gegenwart". Diese Reihe repräsentiert die Situation, die er zur Zeit durchlebt, die wir gerade erleben. Je weiter sein Signifikator am unteren Ende der Reihe liegt, umso mehr lastet „dieses" Gewicht auf seinen Gedanken, so scheint mir. Je mehr Karten unter ihm liegen, umso realistischer sieht er die Dinge oder umso besser kann er sie kontrollieren.

Lassen Sie uns nun die Karten zu seiner Linken und Rechten betrachten. Die Karten zu seiner Linken repräsentieren seine Vergangenheit. Eigentlich repräsentieren alle Karten dieser gesamten Großen Tafel, die links von seiner „Jetzt"-Reihe liegen, seine jüngere Vergangenheit. Aber jetzt werden wir uns erst einmal nur die Kartenfolge ansehen, die in dieser einen Reihe liegt. In gleicher Weise sind alle Karten zu seiner Rechten seine Zukunft, aber wir beginnen damit, die Linie direkt rechts von ihm zu betrachten.

Je näher die Karten bei unserem Signifikator liegen, umso zeitlich näher sind sie für ihn. Wenn wir uns also seine Vergangenheit ansehen, ist die Karte direkt zu seiner Linken (*Schlüssel*) ein direkter Einfluss aus seiner jüngeren Vergangenheit, der seine gegenwärtige Situation beeinflusst. Die Karte links davon, der *Sarg,* geschah zeitlich gesehen vor dem *Schlüssel.*

Wenn wir seine Zukunft betrachten, wird seine unmittelbare Zukunft die Karte sein, die seine rechte Seite berührt: die *Blumen* … zeitlich gefolgt in chronologischer Reihe von *Herz, Ring, Haus* und *Kind.* Manche Interpreten betrachten jede Rei-

he als einen Monat, wenn sie Zeit exakt definieren wollen. Ich finde, dass Zeit ihr eigenes Wesen hat, und obwohl Sie alle Informationen, die Sie brauchen, von der Großen Tafel erhalten werden, ereignet sich ein Zeitpunkt manchmal früher als später. Versuchen Sie sich an Zeitpunkt-Fragen in Ihren eigenen Deutungen, zeichnen Sie die Interpretationen auf und verfolgen Sie sie, um zu sehen, wie eng die Zeitrahmen Ihren eigenen Deutungen entsprechen. Persönlich denke ich, dass es wichtiger ist, das Ergebnis zu begreifen, als den Zeitpunkt einzufangen.

Lassen Sie uns also einen Blick auf die Vergangenheit dieses Mannes werfen und sie von links nach rechts deuten, so wie wir einen Satz oder eine Geschichte lesen würden. Wir haben nur zwei Karten: *Sarg* und *Schlüssel.* Etwas endete und dann gab es einen großen „Aha–Moment", der mit diesem Ende verbunden war (da sie Seite an Seite liegen). Oder das Ende schuf einen Katalysator für eine Idee.

Anmerkung: In Verbindung mit Ciro sehe ich diese Aussage so, dass er etwas beendet hat und dann eine Offenbarung hatte. Das Thema „Ende" ist etwas, das wir mit den Karten um den *Sarg* später in der Deutung vertiefen könnten. Sie können dies anhand der *Sarg*-Karte auf die gleiche Art und Weise tun, wie wir um die *Herr*-Karte herum gedeutet haben (siehe S. 71). Betrachten Sie die Karten direkt daneben so, wie wir es vorher beim *Herrn* gemacht haben, und erkennen Sie so die Situation, die entsteht und definiert, was zu Ende ging. Wir können dies auch mit dem *Schlüssel* tun, um zu sehen, was die Offenbarung war: Welche acht Karten umgeben den *Schlüssel*? Ah, doch mehr dazu später.

Betrachten wir also nun die Zukunft unseres Fragenden, indem wir die Kartenreihe zu seiner Rechten deuten.

Blumen – Herz – Ring – Haus– Kind

Wenn wir Kombinationen aus einzelnen Paaren entstehen lassen, während wir von links nach rechts wandern, sehen wir:

✦ **Blumen / Herz** = sein Geschenk / Talent oder etwas Schönes und Gutes *(Blumen)*, das er liebt *(Herz)*

✦ **Herz / Ring** = etwas, was er liebt *(Herz)*, bekommt einen Vertrag *(Ring)*

✦ **Ring / Haus** = ein Vertragshaus (ich sehe diese Kombination als Vertragsbasis eines Eigenverlegers, das *Haus* weist auf Heimarbeit, weniger auf Arbeit in einem Unternehmen – das wäre eher *Turm* als *Haus* – hin)

✦ **Haus / Kind** = Das neue Etwas *(Kind)* beginnt von seinem Heim *(Haus)* aus. Da es ein Kind ist, ist es für ihn auf irgendeine Art ein neues Projekt. Die Karte, mit der die Reihe endet, ist sehr wichtig. Sie definiert ein Resul-

tat oder setzt den abschließenden Punkt an das Ende unseres Satzes. Mit dem *Kind* haben wir, so scheint mir, einen neuen, unschuldigen, naiven, süßen, reinen Anfang. Die Karten vermitteln ein sehr „gutes" Gefühl, ein günstiges Zeichen für den Verlauf unserer Geschichte.

Diagonalen

Als ob unsere horizontalen Linien noch nicht genug wären, können wir diese Auslage auch noch in Diagonalen analy-

lysieren. Normalerweise stellen Karten, die diagonal und links vom Signifikator liegen, *Einflüsse* dar, die ihn hierher gebracht haben. Karten, die diagonal und rechts vom Signifikator fallen, repräsentieren zukünftige Einflüsse. Hier sehen wir links vom Signifikator zwei unterschiedliche Diagonalen. Eine verläuft oberhalb von ihm nach unten, die andere steigt von unten zu ihm aufwärts.

Die Diagonale, die mit dem *Klee* in seiner jüngeren Vergangenheit beginnt, zeigt an, dass das Glück der vorherrschende Einfluss ist. Im Verlauf dieser Diagonalen nach unten rechts sehen wir den folgenden Einfluss des Mannes auf seine Zukunft oder den Einfluss seiner Zukunft auf ihn.

Die drei Karten, die folgen, sind: *Park*, *Berg* und *Sonne*. Die Öffentlichkeit / Gemeinschaft *(Park)* wird irgendwie schwer *(Berg)* zu erreichen sein, aber dank der *Sonne* entsteht letztendlich Freude, Befreiung, Erleuchtung, ein strahlendes Ergebnis. Es gibt also einen langen Aufstieg, um diese *Sonne* auf dem Gipfel des Berges zu finden, aber Ciro wird ihn bewältigen und das Ende fällt hier positiv aus. Wir haben aber in der behindernden *Berg*-Karte ein Problem entdeckt, und das ist etwas, was wir später in der Deutung mit den Techniken, die wir lernen, untersuchen und klären können.

Spieglein, Spieglein an der Wand

Spiegel reflektieren viele Dinge in unserem Leben, und in einer Großen Tafel können wir Karten spiegeln, um sich reflektierende Energien zu finden. Beispielsweise betrachten wir den *Sarg* in der ersten Reihe. Wenn wir uns fragen würden, welche Karte ihn „spiegelt" oder welche Karte auf der entgegengesetzten Seite liegt, wäre die Antwort das *Kind*. Wenn wir diese beiden Karten, *Sarg / Kind*, zusammen deuten, sehen wir ein „schmerzhaftes Ende *(Sarg)*, das zu einem Neubeginn führt *(Kind)*".

Lassen Sie uns eine weitere Karte in dieser Reihe spiegeln. Eine Karte nach dem *Sarg* liegt der *Schlüssel*. Die Karte, die ihn in dieser Reihe auf der anderen Seite der Auslage spiegelt, ist das *Haus*. Kombinieren wir *Schlüssel / Haus*, lautet die Botschaft, dass hier eine „Antwort" *(Schlüssel)* mit seinem Heim *(Haus)* verbunden ist. Lassen Sie uns noch eine weitere Karte in dieser Reihe spiegeln. Die dritte Karte ist unser *Herr*. Die Karte, die ihn spiegelt, ist der *Ring*. *Herr / Ring* ist „der Vertrag des Fragenden". Verträge und Heim ... und wir wissen, dass es um ein Geschenk und möglicherweise um ein Deck geht ... könnte es hier um einen Selbstverlag oder um das „Verlegen von zu Hause aus" gehen?

Jede Karte in jeder Reihe kann mit anderen Karten gespiegelt werden. Wenn Sie noch mehr Spaß haben wollen, können Sie Karten vertikal und horizontal spiegeln. So kann

Delusion-Karte aus *Oracle of Vision*

Schiff / Vögel von oben nach unten gespiegelt werden. Und das übersetzt sich als „Bewegung durch Gespräche" oder „Mundpropaganda schafft Bewegung".

Das Haus der Spiegel

Es gibt auch komplexere Wege Karten zu spiegeln, falls Sie Ihre Spiegel-Experimente noch vertiefen möchten. Es gibt „diagonales Spiegeln". Dafür „falten" Sie das Viereck unserer Lenormand-Auslage (ausgenommen der vier untersten Karten im 8 x 4 + 4-Legemuster) zweimal, so dass vier Quadranten, nicht zwei Hälften entstehen. Dadurch spiegeln sich die oberen und unteren Karten. Dann „falten" Sie die Auslage noch einmal zusammen und springen dadurch in eine andere Reihe. Das ist etwas schwierig mit Worten zu erklären.

Um es zu demonstrieren, lassen Sie uns noch einmal das *Schiff* nehmen. Wenn wir es von oben nach unten spiegeln, landen wir bei den *Vögeln,* aber wenn wir die Auslage der Mitte entlang vertikal falten, bewegen wir uns eine Reihe weiter und landen stattdessen beim *Berg.* Somit erhalten wir die Kombination *Schiff / Berg.* Die Botschaft lautet dann: „Bewegung / Lieferung / Transport / Vertrieb (*Schiff*) wird zum Hindernis oder zum schwersten Teil (*Berg*)."

Lassen Sie uns noch ein Beispiel ausprobieren. Nehmen wir den *Schlüssel* und überlegen wir, welche „Offenbarung" unserem Fragenden zuteilwerden muss. Wenn wir den *Schlüssel* horizontal nach rechts spiegeln, treffen wir auf das *Haus*. Aber wenn wir die Auslage noch ein weiteres Mal „falten", landen wir bei den *Mäusen*. Also würden wir *Schlüssel / Mäuse* kombinieren und lernen, dass etwas fehlt *(Mäuse)* oder vom letztendlich besten Ergebnis *(Schlüssel)* weggenommen wird. Was könnte das sein? Sie könnten um den *Schlüssel* herum suchen, um mehr über das zu erfahren, was wir wissen müssen. Und wir können uns die Karten um die *Mäuse* herum ansehen, um zu sehen, was der Verlust oder das Problem ist.

Wenn Sie sich für eine schnelle Zusammenfassung die acht Karten ansehen, die die *Mäuse* umgeben oder „einrahmen", enthüllen Sie das Problem, das in unserer Situation „bestiehlt".

Die Karten lauten:

Ring – Haus – Kind
Wege – Mäuse – Sterne
Lilie – Ruten – Anker

Lassen Sie uns diesen Kombinationen nun Bedeutung verleihen.

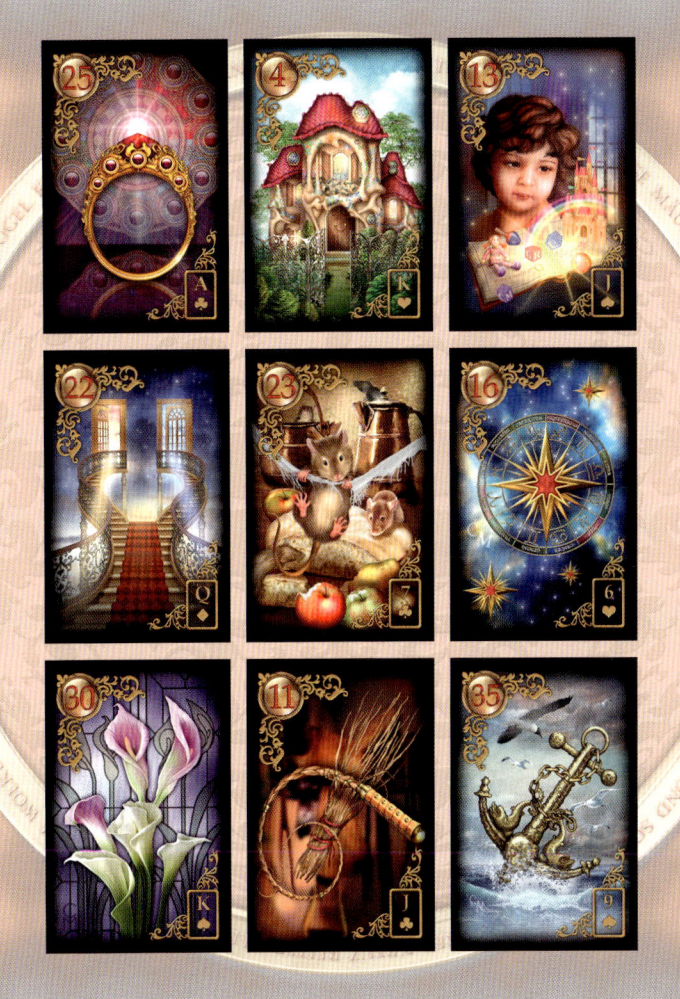

→ **Ring / Haus / Kind** = Vertrag (Ring), der vom Heim (Haus) ausgeht, initiiert Prozess (Kind)

→ **Wege / Mäuse / Sterne** = Entscheidung (Wege) vermindert (Mäuse) vollständigen Vertrieb, Sichtbarkeit und Vernetzung (Sterne)

→ **Lilie / Ruten / Anker** = Unschuld / Harmonie / Absicht (Lilie) wird kritisiert (Ruten), bleibt aber stabil, solide und hart arbeitend (Anker)

Versuchen Sie sich an den vertikalen Geschichten um die Mäuse herum, um noch mehr kurze Sätze zu bilden.

→ **Ring / Wege / Lilie** = Vertrag oder Verlag (Ring) kann in anderen Bahnen verlaufen (Wege) und das schafft Harmonie (Lilien)

→ **Haus / Mäuse / Ruten** = von daheim aus zu arbeiten (Haus) vermindert etwas (Mäuse) und schafft Frustration (Ruten)

→ **Kind / Sterne / Anker** = beginne (Kind) die Vernetzung mit einem breiteren Publikum (Sterne), um lang anhaltende Stabilität (Anker) zu schaffen

Und hier haben wir unsere Antwort darauf gefunden, was das Problem ist. Von daheim aus im Eigenverlag zu arbeiten, kann zwar die schönen Projekte entstehen lassen, die dieser Mann will (schließlich ist er umringt von diesen Blumen!), aber es sieht so aus, als ob dies den Vertrieb und die Sichtbarkeit des Decks für ein breiteres Publikum einschränken wird.

Aufgabe

Was ist die Antwort, der Schlüssel für ihn? Finden Sie den Schlüssel und deuten Sie die umliegenden Karten, um nach einer Antwort zu suchen. Schreiben Sie alle Kombinationen auf, die Sie um den Schlüssel sehen, und finden Sie heraus, was die ultimative Antwort für unseren Fragenden ist.

Ein Rat für den Anfang: Der Bär ist oft ein Chef oder Manager oder jemand, der das Sagen hat. Die Sense, die diese Karte in der Vergangenheit des Fragenden spiegelt, deutet an, dass sich der Mann von dieser Möglichkeit in der Vergangenheit getrennt hat. Da der Bär nun so nah beim Schlüssel liegt, vertieft das die Bedeutungen der anderen Karten, die um unseren Schlüssel schweben.

Rösser zur Rettung!

Falls Sie jemals Schach gespielt haben, wissen Sie, wie sich die Springer oder Pferde über das Schachbrett bewegen. Sie können sich nicht in einer geraden Linie nach vorne bewegen. Stattdessen müssen sie zwei Felder in eine Richtung und dann ein Feld nach links oder rechts gehen, wobei eine kleine L-förmige Bewegung entsteht.

Im Lenormand gibt es eine Technik, die sich „Rösseln" nennt und sich dieser L-förmigen Bewegung bedient, um zusätzliche Bedeutungen zu schaffen. Der „Rössel"-Zug kann von jeder Karte aus erfolgen, über die Sie gern mehr wissen möchten. Sagen wir mal, dass wir mehr über unseren Fragenden, den *Herrn,* wissen wollen. Vom *Herrn* aus „gerösselte" Karten können miteinander kombiniert werden, um versteck-

te Motive, Prioritäten und Absichten zu zeigen, die sehr nützlich sein können, um die Subtexte einer Karte zu verstehen.

Ein Signifikator, der sich auf einer der Ecken in Ihrer Großen Tafel befindet, bietet weniger „Rössel"-Möglichkeiten als einer, der nahe der Mitte liegt, so wie im vorliegenden Fall unser *Herr* platziert ist. Aber Sie können immer wenigstens ein paar versteckte Leckerbissen unter der Rüstung der Karte finden, die etwas über den versteckten inneren Krieger verraten.

In diesem Fall „rösselt" der *Herr* auf folgende Karten; diese Kartenenergien arbeiten versteckt in ihm:

Bär – Fuchs – Störche – Herr – Buch – Vögel

Von hier ausgehend können wir nun mit dem Kombinieren beginnen, um weitere Geheimnisse zu enthüllen. Sie können im Uhrzeigersinn arbeiten, wenn Sie wollen, aber es gibt keine Einschränkungen. Sie können mit jeder Karten-Kombination arbeiten, um den Tresor zu dem zu öffnen, was darin verborgen liegt. Hier sind einige Beispiele unter Verwendung der genannten Karten:

↪ ***Bär / Fuchs*** = großes Unternehmen und ein Chef *(Bär)* gegen kleines Unternehmen *(Fuchs)* oder „großes Unternehmen hintergeht jemanden"

- ❧ *Fuchs / Störche* = hintergangen werden und sich verändern oder kleines Unternehmen und zu etwas anderem wechseln
- ❧ *Störche / Dame* = zu einer Frau ziehen
- ❧ *Dame / Buch* = Frau hat mit Büchern zu tun, Bibliothekarin, Verlegerin, Autorin, Frau schreibt ein Buch
- ❧ *Dame / Bär* = weiblicher Chef oder Manager
- ❧ *Buch / Vögel* = Lektionen durch Mundpropaganda, schreiben und sprechen, werben, etwas Geschriebenes wird mündlich, eine Geschichte wird erzählt
- ❧ *Störche / Bär* = Bewegung, Richtung, großes Unternehmen oder Manager / Chef
- ❧ *Störche / Buch* = umziehen und ein Buch produzieren
- ❧ *Bär / Buch* = großes Unternehmen hat ein Buch gemacht, macht es, großes Unternehmen, das sich mit Büchern beschäftigt, eine Person, die Bücher handhabt

Unserem Fragenden scheinen also Dinge durch den Kopf zu gehen, die mit einer Annäherung an eine Frau zu tun haben, die mit Büchern arbeitet, die sich vielleicht in einem Großunternehmen befinden (eher als in seinem Selbstverlag daheim), und dabei ist, sich auf diese Dinge zuzubewegen oder sich von ihnen zu entfernen. Vielleicht denkt er, trotz der Tatsache, dass er sein Deck von zu Hause aus selbst verlegt, eben an deutlich größere verlegerische Möglichkeiten.

Ihr Schicksal, mein Herr!

Lassen Sie uns nun einen Blick auf diese letzten vier Karten, unsere „Schicksalskarten" in der untersten Reihe unserer Großen Tafel, werfen. Manche mögen sie als das Schicksal des Fragenden betrachten, manche sehen sie als eine Lebensaufgabe und manche sehen in ihnen eine Seelenlektion … Was möchten Sie in diesen Karten in Ihren Deutungen sehen? Lassen Sie sie uns zur Deutungsübung das „Schicksal" unseres Fragenden nennen.

Unsere Schicksalskarten sind: *Fische – Baum – Kreuz – Sonne*

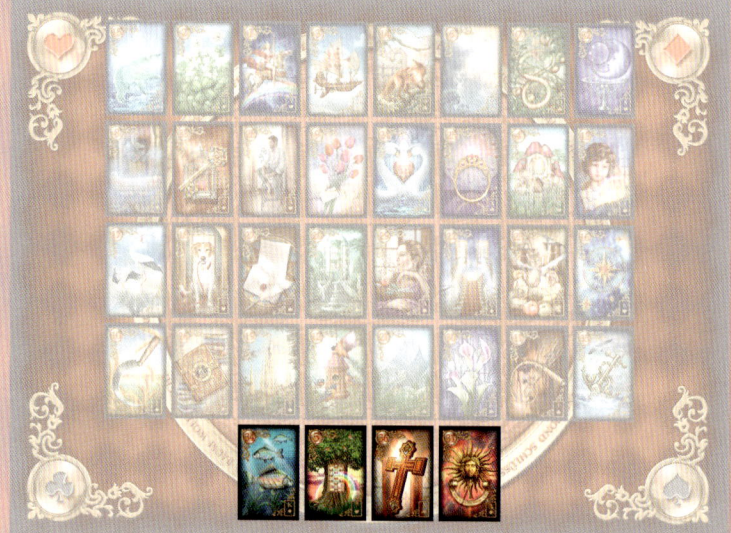

Am besten werden diese Karten wie ein Satz von links nach rechts gedeutet. Die erste Karte definiert das „Thema" oder „Leitmotiv" des Schicksals des Fragenden und die letztendliche Betonung oder Stimmung, wie das Thema enden wird, wird mit der letzten Karte abgeschlossen. Wie sich die Geschichte auf dem Wege dahin verändert, wird von den Karten enthüllt, die dazwischen stecken.

Die Schicksals-Deutung beginnt also mit den *Fischen*. Das könnte mit Unternehmertum und Geldverdienen zu tun haben. Es ist die Quelle der Fülle. Es könnte tatsächliches monetäres Einkommen sein.

Die letzte dieser vier Schicksals-Karten ist die *Sonne*. Also endet es gut für unseren Fragenden. Doch lassen Sie uns die Reise betrachten, die er antritt, um dorthin zu gelangen.

↠ *Fische / Baum* weist darauf hin, dass wir über einen Unternehmer mit Stabilität und anhaltendem Wohlstand reden.
↠ *Baum / Kreuz* handelt davon, dass die Langlebigkeit irgendwie ein Opfer oder eine Last für ihn darstellt. Ist er in irgendeiner Form ein Märtyrer? Auch das *Kreuz* kann Spiritualität oder esoterische Arbeit anzeigen. Daher könnte seine Langlebigkeit mit etwas Esoterischem in Verbindung stehen.
↠ *Kreuz / Sonne* kann die Last der Außendarstellung be-

deuten. Wie wird er dafür sorgen, dass er gesehen wird, und wird das die Schwierigkeit sein, die er mit sich herumträgt? Die *Sonne* ist Wärme, Energie, Strahlen und persönliche Lebenskraft. Daher könnte uns *Kreuz / Sonne* sagen, dass seine Last aus dem besteht, was ihm auch seine persönliche Kraft gibt, dem, wie er gesehen / dargestellt wird und wohin er die Last *(Kreuz)* seiner Energie legt.

Wenn wir die Karten unter Verwendung der Bedeutungen von jeder der vier Karten zu einem Satz zusammenfügen, enden wir vielleicht mit einigen Sätzen, die folgendermaßen lauten. Alle könnten möglicherweise korrekt sein. Also anstatt „den Richtigen" zu finden, sollten Sie wissen, dass jeder eine Botschaft für Ihren Fragenden enthalten könnte:

↠ Des Unternehmers *(Fische)* Langlebigkeit *(Baum)* ist ein Opfer *(Kreuz)* aber auch eine Freude *(Sonne)*.
↠ Der Fülle *(Fische)* Stabilität *(Baum)* wird geopfert *(Kreuz)*, aber leuchtet *(Sonne)* letztendlich.
↠ Des Einkommens *(Fische)* Stabilität *(Baum)* oder langfristiges Einkommen ist zuerst eine Last *(Kreuz)*, doch strahlt *(Sonne)* später.
↠ Das Geld *(Fische)* steckt fest *(Baum)* und ist anstrengend *(Kreuz)*, aber letztendlich hell und sichtbar *(Sonne)*.

→ Der kleine Auftrag *(Fische)* ist konstant *(Baum)*, aber eine Last *(Kreuz)*, doch wird er sich letztendlich aufhellen *(Sonne)*.

→ Das Geschäftsvorhaben *(Fische)* ist sicher *(Baum)*, aber aufopferungsvoll *(Kreuz)*, wird aber letztendlich zu Glanz *(Sonne)* führen.

Kombinieren Sie die Bedeutungen jeder Karte mit jeder anderen und schauen Sie, wie viele Kombinationen Sie bilden können.

Anmerkung zum Schluss: Anders als im Tarot schauen wir laut Tradition zu diesem Zeitpunkt nicht auf die Bilder der Karten, um zusätzliche Deutungsdetails hinzuzufügen. Daher würde der kabbalistische Lebensbaum auf der *Baum*-Karte traditionell nicht in die Deutung mit einbezogen werden, auch die Anzahl der *Fische* oder die Richtung, in die sie schwimmen, haben keinen Einfluss. Allerdings … dies einmal gesagt … haben Sie das Recht auf eigene persönliche Grundregeln. Haben Sie einmal die traditionellen Bedeutungen angewendet und wissen, wie Ihre eigenen Bedeutungen für die Große Tafel aussehen, können Sie vielleicht tiefer gehende Botschaften finden, die Sie durch intuitive Treffer aus den Kartenbildern ableiten. Das ist für eine gute Lenormand-Deutung nicht notwendig, aber Sie könnten Dinge hervorholen, die Sie vielleicht nützlich und einschlägig für Ihre Deutung finden. Die Kunst liegt hier darin, zu wissen, dass die traditionellen Bedeutungen übertrumpfen, was Sie in irgendeiner Weise über das Bild fühlen. Wenn es also eine widersprüchliche Nachricht zwischen einer traditionellen Herangehensweise und dem gibt, was Sie frei intuitiv aus einem Kartenbild wahrnehmen, wäre es meine Empfehlung, sich an die Tradition zu halten und diese nur zusätzlich mit Assoziation und Intuition zu unterstützen (niemals anders herum).

Häuser

Mein liebster Teil beim Interpretieren der Lenormands ist es, die Häuser dazuzunehmen. Sie müssen nicht mit Häusern deuten, wenn Sie mit einer Großen Tafel arbeiten. Manche Lenormand-Interpreten tun das nie. Aber die Details, die damit herausgezogen werden können, sind sehr akkurat und der ganzen Mühe wert. Die Präzision, zu der die Häuser einer Auslage verhelfen, ist wirklich unheimlich.

Lassen Sie uns die Lenormand-Häuser mit den Häusern der Astrologie vergleichen. Die Astrologie verwendet Häuser im kreisförmigen Horoskop. Astrologische Häuser definieren verschiedene Teile unseres Lebens (Heim, Familie, Geld, Öffentlichkeit, wo wir unabhängig sind und wo nicht, wie wir unsere Stimme einsetzen, wie andere uns sehen, kreative

Projekte usw.) und die Planeten, die in diesen Häusern landen, bestimmen, wie wir die Energien nutzen. Also färben sie die Häuser und verleihen ihnen Persönlichkeit.

Bei den Lenormand-Häusern vertieft das „Haus", auf das eine Karte fällt, die Bedeutung der Karte und gibt zusätzliche Informationen – es färbt die Karte, die auf es fällt, ein.

Die Positionen der Häuser verändern sich nie. Das erste Haus wird stets von Karte 1, dem *Reiter*, verkörpert. Haus Nummer 2 ist immer unsere Lenormand-Karte 2, der *Klee*. Haus Nummer 3 ist immer Karte Nummer 3, das *Schiff*, und

so weiter durch das gesamte Deck, die Nummer des Hauses wird durch die Karte mit dieser Nummer bestimmt.

Die Häuser des 9 x 4-Legemusters werden ebenso angeordnet. Unten sehen Sie eine Vorlage für die Häuser einer Großen Tafel, wie sie im 8 x 4 + 4 aussehen.

Wenn wir das Gesagte also auf die Karten unserer gerade abgeschlossenen Auslage oben anwenden und uns entschließen, die Häuser zu nutzen, legen wir jede der Karten auf diese Vorlage und erforschen, welche Karte in welchem Haus landet.

Also läge die erste Karte unserer Auslage, der *Bär*, im Haus des *Reiters*. Der *Klee* liegt witzigerweise im Haus des *Klees*. Wenn eine Karte in ihrem eigenen Haus liegt, wird diese Karte zusätzlich betont, also haben wir viel viel Glück hier. Die dritte Karte, der *Reiter*, liegt im Haus des *Schiffs*.

Die Karten in Kombination mit einem *Haus* sind sehr kraftvoll. Der *Bär* im Haus der *Reiters* würde folgendermaßen gedeutet werden: Das *Haus* bestimmt, wie das Umfeld aussieht (wie in der Astrologie), und daher ist dies das *Haus* der Bewegung und der Botschaften. Nun bringen wir unsere Kartenbedeutung in dieses Umfeld, wie bewegt sich unser Fragender?

Der *Bär* weist darauf hin, dass er es gemeinsam mit einem Chef, mit einem Management oder mit einem großen Unternehmen tut.

Beginnen Sie mit Ihrem ersten Haus

Wenn ich mit Häusern deute, finde ich es immer spannend, meine Interpretation mit einem verstohlenen Blick hinter die sprichwörtliche Verpackung zu beginnen. Ich gehe direkt zur Signifikator-Karte des Fragenden (hier der *Herr*) und werfe einen kurzen Blick darauf, in welches Haus sie gefallen ist. In unserem Beispiel liegt der *Herr* in Haus 11, den *Ruten*. *Ruten* können Kritik, Probleme, Muster bedeuten – etwas, das immer und immer wieder getan wird, ein Ausmisten oder eine Säuberung oder Sorgen. Manchmal bedeuten sie, dass wir mit etwas noch nicht völlig abgeschlossen haben und immer noch damit zu tun haben oder mit etwas kämpfen. Die *Ruten* können schmerzen, daher kann dies manchmal schmerzhaft sein, sarkastische Energie, die sich gegen etwas richtet. Als Charakterzug sehe ich sie als scharf, manchmal sarkastisch und mit trockenem Humor.

Der *Herr* im Haus der *Ruten* zeigt mir eine der folgenden oder alle folgenden Möglichkeiten an:

Er könnte sarkastisch sein oder sich sarkastisch fühlen. Er ist etwas gegenüber kritisch eingestellt oder sorgt sich, dass er kritisiert wird. Er räumt etwas aus. Er hat ein Verhaltensmuster, das wir vielleicht in der Auslage sehen.

Wenn wir uns seine Problemkarte, *Mäuse*, ansehen, stellen wir fest, dass sie im Haus der *Mäuse* liegt, *Mäuse* auf *Mäuse*!

Das ist nun wieder doppeltes Pech und betont sehr den Ärger, den sein Eigenverlag im Verhältnis dazu verursacht, zu was er sich letztendlich entwickeln könnte.

Lassen Sie uns einen Blick auf seine vier „Schicksalskarten" werfen und auf ihre Beziehung zu ihren Häusern und wir können sehen, welche zusätzlichen Nuancen diese Vier-Karten-Botschaft beeinflussen.

Die vier Karten, die diese vier Häuser bestimmen, sind:

Schlüssel, Fische, Anker, Kreuz

Die von uns interpretierten Karten in diesen Häusern lauten:

Fische, Baum, Kreuz, Sonne

Lassen Sie uns nun lediglich die Kombinationen betrachten, die zwischen den Häusern und den in ihnen liegenden Karten entstehen:

Haus	Karte
Schlüssel	*Fische*
Fische	*Baum*
Anker	*Kreuz*
Kreuz	*Sonne*

Wenn also das Umfeld / Haus vom *Schlüssel* beherrscht wird (*Schlüssel* ist die Antwort, die wir brauchen) und die *Fische* in dieser Atmosphäre sind, erfahren wir hier, was unser Fragender über Unternehmertum oder Geldverdienen wissen muss.

Als Nächstes ist das Umfeld / Haus beherrscht von den *Fischen* und wir haben nun den *Baum* darin liegen. Die *Fische* erregen zum zweiten Mal in dieser Vier-Karten-Legung unsere Aufmerksamkeit. Geld, Fülle und Unternehmersein werden hier wiederholt. *Fische / Baum* bedeutet stabiles Geld oder langfristiges Geld, es könnte sein, dass das Unternehmen sein Vermächtnis ist.

Die Energie des *Anker*-Hauses unter der *Kreuz*-Karte spricht von mit einem Opfer verbundener Stabilität. Er muss vielleicht seinen *Anker* zu Wasser lassen und für eine Weile in diesem Hafen stoppen. Es könnte ein Opfer oder eine Last für ihn sein, dies zu tun, aber der *Anker* spricht von harter Arbeit und davon, etwas stabil zu halten. Es kann sich daher um einen notwendigen Boxen-Stopp handeln, ganz gleich, welche Last das sein kann. Das *Kreuz* steht auch für Spiritualität. Wenn es hier im Haus des *Ankers* beheimatet ist, zeigt sich die lang andauernde spirituelle Fülle dieses Projektes.

Zuletzt haben wir das Haus des *Kreuzes* mit der *Sonnen*-Karte darauf. Die Last liegt in der Verbreitung. Die Spiritualität wird weiter verbreitet. Das Opfer ist es, vollständige Verbreitung zu erreichen. Da die *Sonnen*-Karte unser abschließender Punkt am Ende dieses Schicksalssatzes ist, ist es, als ob wir zeigen, dass das Licht leuchten wird. Es ist der Weg dahin, der ein Prozess der Opfer oder Kompromisse ist.

Wenn wir daraus unter Verwendung aller Informationen, die wir gesammelt haben, einen komplexeren Satz bilden, könnte er so lauten. Wieder lauten unsere Karten und Häuser wie folgt:

Haus	Karte
Schlüssel	*Fische*
Fische	*Baum*
Anker	*Kreuz*
Kreuz	*Sonne*

„Das Geheimnis der finanziellen Fülle (*Schlüssel / Fische*) ist es, Wohlstand zu erreichen, der lang anhält oder eher ein Vermächtnis ist (*Fische / Baum*). Der Hafen, in dem er sozusagen sein Unternehmen andocken sollte, wird ein Opfer sein (*Anker / Kreuz*), aber das Opfer wird große Verbreitung mit sich bringen und in einem positiven Licht gesehen werden (*Kreuz / Sonne*).

Wenn es irgendwo in der Auslage eine Karte gibt, über die Sie mehr erfahren wollen, werfen Sie einen Blick hinter die Kulissen und sehen Sie, in welches Haus sie gefallen ist. Ich glaube, ich möchte mehr über diese *Blumen* neben unserem *Herren* wissen. Sie liegen im Haus der *Vögel*, Haus Nummer 12. Sein Geschenk umfasst die Art, wie er kommuniziert oder wie die Worte über sein Projekt nach außen dringen. Das Gezwitscher über das Deck wird wunderschön sein.

Wenn ich mehr über den *Brief* wissen möchte (und das will ich!), liegt der im Haus des *Turms*. Dies könnte bedeuten, dass sein Deck im Alleingang geht (Eigenverlag), und es könnte auch ein Wink Richtung größeres Unternehmen sein (*Turm* kann neben „alleine sein" oder „Alleingang" ein Unternehmen sein).

Etwas anderes ist bemerkenswert … *Klee, Wolken, Hund, Park, Wege* und *Schlange* befinden sich alle in ihren eigenen Häusern, eine enorme Menge von Karten, die in ihre eigenen Häuser fallen. Dies betont diese Karten zusätzlich stark. Es ist nicht üblich, dass so viele Karten in ihren eigenen Häusern landen. Normalerweise fallen in einer Großen Tafel vielleicht ein oder zwei Karten in ihre eigenen Häuser.

Das *Kind* liegt im Haus der *Sterne* (16), was neues Netzwerken, Streuung durch das Internet und etwas „da draußen" verbreiten bedeutet. Also ist es, als ob hier etwas Neues entsteht, das beginnt und ein besseres Netzwerk oder Ausbreitung für ihn schafft. Darunter liegen die *Sterne* im Haus

des *Herzens* (24): Also liebt er es, dass es nach draußen geht und sich zu einem größeren Netzwerk verbreitet, sichtbarer wird.

Betrachten Sie noch einmal den *Bären* im Haus des *Reiters* (1). Wir erinnern uns, dass dies Bewegung / Botschaften von Großunternehmen oder von einem Chef / Manager bedeutete. In der Vergangenheit des Mannes wird die Abtrennung von dieser Energie durch die *Sense* gespiegelt. Die *Sense* liegt im Haus des *Rings* (25), was das Abbrechen von Verbindungen zu früheren Vertragspartnern zeigt.

Lassen Sie uns nun die entgegengesetzten Ecken und die Botschaft über die Zukunft des Mannes in den beiden rechten Ecken betrachten. Der *Mond* liegt im Haus des *Sarges* (8). Der Ruf oder wie er gesehen wird, wird beendet … wodurch? Lassen Sie uns nachsehen, was uns die anderen Ecken sagen: *Anker* im Haus des *Mondes* (32). Das *Mond*-Umfeld beschreibt, wie jemand oder etwas gesehen oder wahrgenommen wird. Der *Anker* darin nimmt diesen Ruf, geht in einem Hafen vor Anker und schafft dort Stabilität. Verbinden Sie diese Ecke mit dem *Mond / Sarg* oben und die beiden *Mond*-„Ruf"-Energien begegnen sich (eine in einer Karte, eine in einem Haus). Sie überschneiden sich nicht, aber sie interagieren mit den Karten im jeweiligen Haus.

Das Ende der Art und Weise, wie jemand oder etwas bisher gesehen wurde (Ecke rechts oben), schafft nun ein Gefühl von Stabilität des eigenen Rufs. Was ändert sich oder endet? Betrachten Sie die anderen Ecken. Der *Bär* im Haus des *Reiters* bedeutet den Wechsel von Chefs oder Unternehmen. Die untere linke Ecke *(Sense* im Haus des *Ringes)* bedeutet, dass wir Verträge und damit die Art, wie wir gesehen werden, beendet haben, was zu *Sarg / Mond* passt.

Bei allen Interpretationsschritten dieser Auslage, die wir weiter oben gemacht haben – auf Ecken, Reihen, Rösseln, Diagonalen –, können Sie die Häuser anwenden, um zusätzliche Details zu erhalten.

Hausaufgabe

Betrachten Sie unter Verwendung des Signifikators *Herr* wie weiter oben beschrieben die acht Karten, die ihn umgeben. Diesmal berücksichtigen Sie jedoch zusätzlich die Häuser darunter in Ihrer Deutung, um die Interpretation farbiger zu gestalten. Welche Details fügen diese Umfelder dem Thema der Deutung zu?

Zusammenfassung

Unsere Deutung scheint also zu enthüllen, dass unser männlicher Fragender nun im Eigenverlag arbeitet, und obwohl dies ein wunderschönes Projekt entstehen lässt, was er liebt, wird er dessen Vertrieb als einschränkend oder beengend empfinden. Die Auslage deutet auf ein größeres Verlagshaus für ein breiteres Netzwerk und die Verbreitung hin und zeigt, dass das Deck ein viel größeres Publikum erreichen wird, wenn dies geschieht. Dies bringt zusätzliches Einkommen, trägt zum langfristigen Vermächtnis des Fragenden auf lang anhaltende Weise bei und liefert die Lösung für das, was er an der Arbeit von daheim aus für kritisch hält. Um die Veröffentlichung zu erreichen, muss er vielleicht Opfer bringen, aber die Karten zeigen, dass er das machen wird und dass er es gut macht. Wenn wir seine Beziehung zum sich ankündigenden Verlag betrachten, können wir vielleicht noch ein paar interessante Happen finden.

Übung

Wandern Sie durch die Auslage und stellen Sie fest, welche Tempobremsen Sie finden können. Was sehen Sie im Haus des *Berges*, das definiert, was einen Aufstieg oder ein Hindernis entstehen lässt? Was ist mit der *Berg*-Karte in Ihrer Legung? In welchem Haus liegt sie und wie ist dieses Hindernis definiert?

Ihre persönliche Reise durch die Große Tafel

Jede Große Tafel hat ihre eigene Persönlichkeit, eigene Probleme, Themen und Ideen. Sie werden sehen, dass sich ein Thema in jeder Großen Tafel mehrfach wiederholt, damit es Ihnen nicht entgeht. Die Details, die Sie in einer Großen Tafel finden, weisen nicht nur auf innere Psychologie und Emotionen hin, wie das der Fall in konkurrierenden Orakeln wie dem Tarot ist. Stattdessen betrachten Sie tatsächliche Ereignisse. Die Deutung ist eine sehr praktische Angelegenheit mit Handlungssträngen, Aktivitäten und Protagonisten. Zeichnen Sie Ihre Großen Tafeln auf, um Ihre Fähigkeiten zu verbessern. Lernen Sie, indem Sie auf die Deutungen der Großen Tafeln schauen, die Sie in der Vergangenheit gemacht haben, und beobachten Sie, ob die Zukunft sich so entwickelt, wie Sie in der Auslage vorhergesehen haben. Welche anderen Dinge sehen Sie in Ihrer Legung, wenn Sie Monate später auf sie zurückblicken, nachdem Sie verstanden haben, was tatsächlich geschehen ist? Wenn Sie einen Fehler in der Interpretation gemacht haben, gehen Sie zurück zu diesem Interpretationsschritt und überprüfen Sie, was die Karten damals zu übermitteln versucht haben.

Experimentieren Sie, gehen Sie ein paar Risiken ein. Das ist einfach mit Ihren persönlichen Großen Tafeln. Nur Sie werden es erfahren, wenn Ihnen ein Fehler passierte, und Fehler sind großartige Gelegenheiten, um zu lernen und zu wachsen. Lernen Sie weiter und überlegen Sie, einem Lenormand-Forum beizutreten, um von anderen zu lernen, die auch das Lenormand-Orakel benutzen. Aber entfernen Sie sich nicht zu weit von Ihren eigenen Karten-Bedeutungen. Sonst werden Ihre Deutungen überladen oder vage. Es ist die direkte Sachlichkeit und Einfachheit der traditionellen Methode und deren starren Bedeutungen, die Lenormand so exakt, verlässlich und lustig zu deuten machen. Die Flexibilität entsteht aus den Kombinationen und den Geschichten, die sie erzählen.

Genießen Sie Ihre Lenormand-Reise, und möge das *Gilded Reverie* Ihren Legungen einen goldenen, kreativen Tanz der Schönheit verleihen.

Donnaleigh de LaRose

Donnaleigh de LaRose ist die Moderatorin des Radiopodcast Tarot Tribe: Beyond Worlds im Internet. Sie unterrichtet Tarot und Lenormand mit Leidenschaft. Mehr über Lenormand, Tarot und Kartentechniken erfahren Sie auf ihrer Homepage: www.Donnaleigh.com

Dort wie auch auf ihrem YouTube-Channel www.youtube.com/user/DivineWhispers gibt es weitere Lerneinheiten.

36-KARTEN-AUSLAGE:
DIE KÖNIGLICHE TAFEL

Dies ist mein Standard-Legemuster. In ihm können wir alle Lebensbereiche des Fragenden als Überblick sehen und haben die Möglichkeit, tiefer in alle Aspekte einzusteigen, wenn sich das als notwendig herausstellt.

Die Karte werden wie im Zickzack von oben nach unten und von links nach rechts offen ausgelegt:

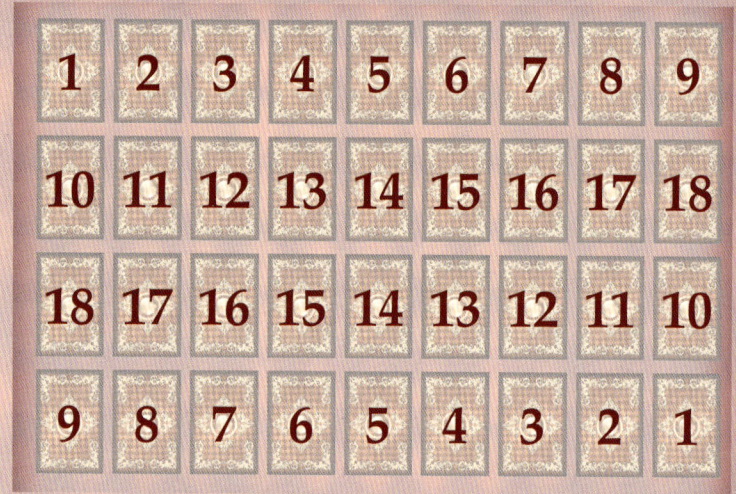

Bei dieser Auslage fühle ich mich wohler, wenn ich das Legemuster mit vier Reihen à neun Karten verwende. Es erleichtert die Deutung, wenn die Auslage in horizontale, vertikale und diagonale Unterteilungen aufgegliedert werden kann.

Kombinieren Sie die Bedeutungen der ersten Karte der obersten Reihe mit der neunten Karte der untersten Reihe. Dann kombinieren Sie die Bedeutungen der zweiten Karte der obersten Reihe mit der achten der untersten Reihe, so wie in der Abbildung gezeigt. Wiederholen Sie dieses Paaren von Karten, bis Sie sich durch die ganze Auslage gearbeitet haben.

Das Deuten der horizontalen, der vertikalen und diagonalen Kombinationen ist auch eine interessante Möglichkeit, weil es großartige Vorhersagen liefern kann. Mit dieser Prozedur können wir die Bedeutung von zehn, zwölf Karten in einer Reihe zusammenfassen. Eine weitere interessante Übung ist es, die Kombinationen und Anordnung der Karten zu beobachten und ihre korrespondierenden Skatkarten-Einschübe in den Prozess mit einzubeziehen. Beobachten Sie, ob es eine Ansammlung von Skat-Farben, Zahlen oder Hofkarten gibt, die wie beim Pokern numerische Muster und Sequenzen bilden. Paare, Drei Gleiche, Vier Gleiche, Royal Flush und so weiter.

Konzentrieren Sie sich danach auf die Lebensbereiche des Fragenden: Deuten Sie die Karten, die den Signifikator umgeben, um zu sehen, wie es dem Fragenden geht. Deuten Sie die Karten, die das *Buch* flankieren, um zu sehen, wie es mit seiner Arbeit und/oder seinen Studien aussieht. Deuten Sie die Karten, die das *Herz* flankieren, und schauen Sie, wie seine Gefühle sind, und so weiter. Betrachten Sie nun die vier Reihen mit jeweils neun Karten: Die unterste Reihe, verbunden mit der Farbe *Karo*, berichtet von der materiellen Ebene. Hier sehen wir die Gesundheit, die Arbeit und den Besitz des Fragenden. Die Reihe darüber, verbunden mit der Farbe *Herz*, erzählt von der emotionalen Ebene und berichtet über die Gefühle des Fragenden, über Freunde und Familie. Die dritte Reihe, verbunden mit der Farbe *Kreuz*, erzählt von der spirituellen

Ebene und berichtet über Instinkte, Fantasie und Impulse. Die oberste Reihe, verbunden mit der Farbe *Pik*, berichtet über die mentale Ebene und hauptsächlich von Herausforderungen, denen der Fragende gegenübersteht. Analysieren Sie die Platzierung der Karten und die Beziehung zwischen ihnen und der die Reihen bestimmenden Farben.

Überprüfen Sie, für welche Zeitspanne die Informationen gelten. Normalerweise sprechen die ersten drei vertikalen Säulen von der Vergangenheit oder von Informationen, die der Fragende bereits hat. Die drei Säulen in der Mitte sprechen von der Gegenwart und den aktuellen Ereignissen (besonders die fünfte Säule in der exakten Mitte der Auslage). Die letzten drei Säulen erzählen von den zukünftigen Konsequenzen der Legung. Die Position des Signifikators ist hierbei sehr aufschlussreich: Wenn er sich in den ersten drei Säulen befindet, berichtet die Legung über die Zukunft. Liegt er in den zukünftigen Säulen, weist sie auf Konsequenzen aus der Vergangenheit hin. Und in der mittleren Säule der Legung spricht er von der Gegenwart und von den Möglichkeiten des Fragenden.

Obwohl ich hier versuche, didaktische Regeln aufzustellen, können Sie die Vorgehensweise gern abändern. Manchmal fällt unser Blick zuerst auf etwas anderes als auf das, was die hier vorgestellte Reihenfolge besagt, und wir werden dann in unserer Intuition kurz darauf bestätigt, wenn wir den Interpretationsregeln folgen.

			mentale Ebene *Pik*
			spirituelle Ebene *Kreuz*
			emotioale Ebene *Herz*
			materielle Ebene *Karo*
Vergangenheit	Gegenwart	Zukunft	

Emanuel J. Santos

Emanuel J. Santos, brasilianischer Wahrsager. Er betreibt den Blog Conversas Cartomânticas (http://conversascartomanticas.blogspot.com.br/). Veröffentlichung „Conversas Cartomânticas: da escolha do baralho ao encerramento da consulta" (http://www.agbook.com.br/book/133062-- Conversas_Cartomanticas)

Einfache Neuner-Auslage

Tali Goodwin

Einfache Neuner-Auslage

Bei dieser traditionellen Auslagemethode legen wir ein Viereck aus neun Karten in drei Reihen à drei Karten aus, um irgendeine häusliche Situation zu beleuchten. Die Methode ist eine gute Übung, da weniger gedeutet werden muss als in der Großen Tafel.

Nehmen Sie Ihr Deck und mischen Sie es, während Sie an die Situation denken.

Wenn Sie fertig sind, legen Sie die Karten mit der Rückseite nach oben hin und heben mit Ihrer linken Hand ungefähr zwei Drittel des Stapels ab. Legen Sie diesen größeren Stapel links ab, wodurch ein zweiter Stapel links von dem ersten entsteht. Heben Sie von diesem linken dann erneut auf die gleiche Weise ab, so dass ein dritter Stapel auf dessen linker Seite entsteht.

Nehmen Sie die ersten drei Karten dieses linken Stapels, noch immer umgedreht, und legen Sie sie in einer Reihe von links nach rechts auf Ihren Tisch. Dann nehmen Sie die drei obersten Karten des mittleren Stapels und platzieren sie in einer Reihe unter der vorherigen Reihe. Abschließend nehmen Sie die drei obersten Karten des rechten Stapels und

bilden eine dritte Reihe unter den anderen beiden, wobei ein 3 x 3-Viereck entsteht.

Legen Sie die überzähligen drei Stapel beiseite und drehen Sie alle Karten in der Auslage um.

Die erste Reihe mit drei Karten bezeichnet den Fragenden.

Die zweite Reihe mit drei Karten zeigt das Heim, seine häusliche Umgebung.

Die dritte Reihe zeigt die Umstände der Situation, ihr wahrscheinlichstes Ergebnis und gibt Ratschläge dazu.

3 x 3-Auslage

Die Karten werden als Sequenz gelesen, die einen Orakel-Satz bildet, in dem jede Karte weiter rechts die vorherigen Karten relativiert – so wie eine Geschichte sich bis zum Ende weiterentwickelt. Stellen Sie sich vor, die Reihen wären jeweils ein Drehbuch für einen Film in drei Fassungen: Was würden Sie über den Film sagen, wenn Sie das Kino verlassen würden?

Einfache Neuner-Auslage: Ein Deutungsbeispiel

Die Fragende erkundigt sich über den anstehenden Besuch ihres Sohnes, darüber, ob er angenehm werden wird und ob es irgendetwas gibt, was sie tun kann, damit er ein Erfolg wird.

Die Fragende: Wege (22) + Park (20) + Kreuz (36)
Das Heim: Ruten (11) + Baum (5) + Sense (10)
Die Situation: Störche (17) + Turm (19) + Dame (29)

Wir sehen hier, dass die Fragende vor der Entscheidung *(Wege)* steht, ihren Sohn anderen Menschen *(Park)* vorzustellen und mit ihnen zu vernetzen, was für sie eine Last *(Kreuz)* darstellt. Es könnte sehr gut sein, dass sie mit ihrem Sohn auf keinen geselligen Anlass gehen sollte, da es zu irgendwelchen Komplikationen für die Fragende führen könnte.

Im heimischen Umfeld, in diesem Fall in der Familie (die zweite Reihe könnte sich auf eine Gruppe, einen Arbeitsplatz oder welche Umgebung auch immer Thema der Legung ist, beziehen), sehen wir viele beunruhigende Gespräche, sogar Streitereien *(Ruten)*, die sich schon lange *(Baum)* um die Familie drehen. Sie haben mit Vergangenem zu tun. Damit kann jetzt abgeschlossen werden, wenn sich die Familie nun der Zukunft zuwendet *(Sense)*. Es ist tatsächlich eine Gelegenheit, aus der Vergangenheit auszubrechen und einen Neuanfang zu machen. Manchmal muss ein morscher Zweig abgeschnitten werden, da er sonst nur als Rute genutzt wird, um damit auf jemanden einzuprügeln.

Die Zukunft oder das Ergebnis zeigt hier einen Neubeginn *(Störche)*, der in Arbeit oder Einstellung durch ein größeres Unternehmen *(Turm)* mündet, sowie die Begegnung mit einer neuen Frau *(Dame)* in seinem Leben. Dies ist eine ermutigende Reihe in dieser Auslage und der Fragenden wird geraten, ihrem Sohn vorzuschlagen, sich neuen Horizonten zuzuwenden.

Tagesauslage

Tali Goodwin

TAGESAUSLAGE

Mit dieser Legeweise schulen Sie die Genauigkeit Ihrer Kartenprognosen, indem Sie Kartenpaare für neun Bereiche innerhalb Ihres Tagesablaufs deuten. Wenn Sie sie morgens machen, können Sie die Karten abends mit Ihrem Tag abgleichen, um festzustellen, wie genau Ihre Prognosen anhand der Karten sind.

Nehmen Sie Ihr Deck zur Hand und mischen Sie die Karten. Legen Sie sie mit der Rückseite nach oben auf den Tisch.

Legen Sie die oberen neun Karten mit der Rückseite nach oben in einer Reihe von links nach rechts aus.

Legen Sie die folgenden neun Karten eine nach der anderen auf die ausgelegten Karten, so dass neun Stapel à zwei Karten entstehen.

Nun werden die Karten paarweise als jeweils eine Vorhersage für folgende Aspekte gedeutet. Von links nach rechts gelesen:

1. *Jemand, dem Sie begegnen, und was aus dieser Begegnung resultiert*
2. *Jemand, der Ihnen wichtig ist, und was er tun wird*
3. *Jemand, der Sie nervt, und was er tun wird*
4. *Etwas, das geschehen wird, um Sie zu trösten*
5. *Etwas, das Sie erwartet*
6. *Etwas, das Ihnen hilft*
7. *Etwas, das Sie überrascht*
8. *Etwas, was Sie sich wünschen – egal, ob es geschehen wird oder nicht*
9. *Etwas Schönes*

Bei dieser Übungsauslage, die fast furchterregend genau sein kann, ist es wichtig, ein Tagebuch zu führen und die Karten paarweise zu interpretieren, ihre Bedeutungen miteinander zu verschmelzen, wobei jede Karte das gleiche Gewicht hat. Während Sie Ihren Tag erleben, stellen Sie vielleicht fest, dass eine Karte des Paars das „Ereignis" beschreibt und die andere das „Wie". Dies vermittelt Ihnen die Kartenbedeutungen in Ihrer eigenen Erfahrung und lehrt Sie, welche Form der Deutung für Sie persönlich die beste ist.

Ein Deutungsbeispiel

Betrachten Sie zuerst einfach die drei ersten Paare dieses beispielhaften Tages:

Kind und *Turm* sind das erste Paar. Es weist darauf hin, dass wir ein Kind treffen werden, das uns neue Erkenntnisse vermitteln wird. Oder vielleicht treffen wir es in einem Gebäude,

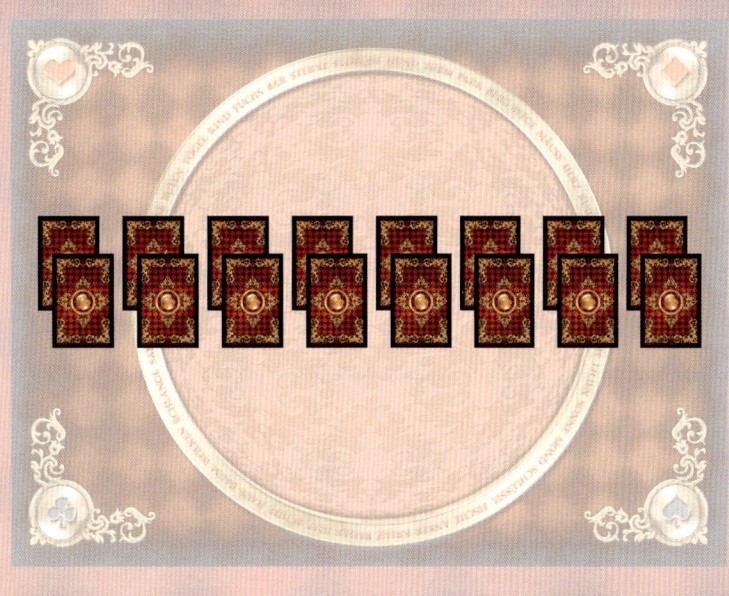

wie einer Schule. Das nächste Paar, *Klee* und *Anker,* zeigt uns etwas wirklich Positives, nämlich dass uns ein fürsorglicher Freund Möglichkeiten, Glück und Sicherheit bietet – eine fantastische Kombination. Das dritte Paar warnt mit *Fuchs* und *Herz* davor, dass jemand, den wir nicht leiden können, versuchen wird uns auszutricksen und unsere Gefühle zu verletzen.

Bei diesem Beispiel handelte es sich um eine tatsächliche Legung, die sich als sehr genau für den Tag herausstellte. Auch die anderen Paare waren fast wörtlich in ihrer Aussage. Die Karten sollten bei dieser Übung immer so wörtlich wie möglich gedeutet werden. Das „Trost-Paar" in dieser Legung war *Buch* und *Haus.* Zum Zeitpunkt der Legung schrieb der Fragende daheim an einem Buch. Lenormand ist tatsächlich so wörtlich, wenn Sie es mit sich reden lassen.

Tali Goodwin

Tali Goodwin, Autorin bekannter Tarot- und Lenormand-Bücher, darunter „Learning Lenormand" (mit Marcus Katz). Sie ist Mitgründerin von Tarosophy. Sie organisiert weltweit Tarot-Kongresse und soziale Netzwerke für Tarot. Zahlreiche Beiträge zur Tarot- und Lenormand-Forschung.

Sie lebt im englischen Lake Distrikt und verbringt viel ihrer Zeit im „Sommer von 1909".

Weitere Informationen zu Tali:
Tarot: www.tarotassociation.net
Lenormand: www.originallenormand.com
Blog: www.tarotspeakeasy.com
Tarot Professionals: www.tarotprofessionals.com

Der Schokoriegel

Rana George

Gilded Schoko Reverie Riegel

DER SCHOKORIEGEL

Dieses einfache Legemuster hat die Form eines Schokoriegels (oder einer Tafel Schokolade) und gibt einen schnellen Überblick darüber, was Sie in bestimmten Lebensbereichen erwartet.

Konzentrieren Sie sich auf den Klienten, während Sie Ihre Karten gut durchmischen. Ziehen Sie drei Karten für jedes Schokoladenstückchen, also insgesamt zwölf Karten, jeweils drei für die Bereiche: Beruf, Wissen, Wohlstand, Familie, Gesundheit, Beziehung.

Ein Deutungsbeispiel

Diese Deutung ist für Stephan. Sie ist auf die nächsten drei Monate ausgelegt.

Vorhersage Beruf: Stephans Kreativität/ Schöpferkraft *(Mond)* wird von seinem Chef oder Vorgesetzten bemerkt *(Turm)*, und er wird den Auftrag ergattern oder sein Ziel erreichen *(Anker)*. Stephan wird von einem Unternehmen oder seinen Vorgesetzten *(Turm)* Anerkennung ernten *(Mond)*, es entsteht eine Form von Stabilität und Sicherheit *(Anker)*.

Vorhersage Wissen: Verschiedene Pfade *(Wege)* bringen Stephan gute Nachrichten *(Blumen)* mit positiven Neuigkeiten *(Brief)*. Er wird verschiedene *(Wege)* gute *(Blumen)* Angebote erwägen.

Vorhersage Wohlstand: Es gibt einen Reifungsprozess (Lilie) durch einen großen Abnehmer oder ein Netzwerk (*Park*) und Geld (*Fische*) fließt kurz darauf.

Vorhersage Familie: Eine große Veränderung (*Sarg*) wird Unruhe und viel Stress und Angst (*Mäuse*) innerhalb des Haushalts/Heims und/oder Familie (*Haus*) verursachen. Da das Haus ins Familien-„Stück" gefallen ist, legt dies Stephan nahe, seine Aufmerksamkeit auf das Heim / die Familie zu richten.

Vorhersage Gesundheit: Der *Schlüssel* weist darauf hin, dass sich die Prognose auf Spiritualität bezieht, da der *Schlüssel* bei einer Aussage zur Gesundheit mit dem Kronenchakra verbunden ist, und dies ist wiederum mit Höherer Führung verbunden. Der *Schlüssel* betont die Bedeutung des Gesundheits-Bereiches. Stephan wird auf der spirituellen Ebene oder im Bereich der Inspiration mit einer Blockade/Ebbe (*Berg*) und Flut (*Schiff*) zu tun bekommen. Auf der physischen Ebene muss er sich vielleicht vor Schwindelanfällen in Acht nehmen. Der *Berg* bezieht sich auf den Kopf und das *Schiff* bedeutet Bewegung und Fließen (Übelkeit bei Bewegung).

Vorhersage Beziehungen: Es wird Verbesserung (*Störche*) Richtung stärkerer und tieferer Verbindung (*Baum*) mit dem Partner (*Hund*) geben. Eine sich entwickelnde (*Störche*) karmische Beziehung (*Baum*) mit jemandem auf der Seelenebene (*Hund* und *Baum*). Fällt der *Baum* im Zusammenhang mit einer Beziehung, weist dies auf eine starke Verbindung hin.

DIE GROSSE WANDLUNG

Rana George

DIE GROSSE WANDLUNG

Wandlungen am persönlichen Himmel

Ich habe diese Auslage zur Beantwortung einer breiten Spanne von Fragen erfunden. Es ist vielseitig und kann Ihren Bedürfnissen angepasst werden. Die Deutung fließt durch vier Phasen und Schichten, wobei jede Schicht auf der vorhergehenden Deutung aufbaut und weitere Details und Informationen über sie liefert. Sie können selbst die Anzahl der benötigten Schichten wählen, einige davon auswählen oder alle verwenden. Das bleibt Ihnen überlassen. Dieses Legemuster ist flexibel, anpassungsfähig und visuell ansprechend.

Vergessen Sie nicht: Lenormand wird in Kombination gedeutet. Daher wird jede hinzugefügte Karte mit den umliegenden Karten in Verbindung gedeutet. Das bereichert die Deutung um weitere Details.

Die Grundlage (Durchgang 1)

Legen Sie fünf Karten aus. Die mittlere Karte (Karte 3) ist der Hauptfokus der Auslage und die letzte Karte (Karte 5) das letztendliche Ergebnis.

Das Kreuz (Durchgang 2)

Fügen Sie oberhalb und unterhalb der Grundlage je zwei Karten hinzu, so dass sich ein Kreuz ergibt. Die Karten geben zusätzliche Informationen zum Hauptthema, wobei Kartenpositionen 6 und 7 das Resultat aus Kartenposition 3 ergeben.

Der Stern (Durchgang 3)

Fügen Sie vier weitere Karten für zusätzliche Einflüsse und Ratschläge hinzu. Die Kartenpositionen 2, 10, 6, 11 und 4 werden als „Tun" gedeutet. Die Kartenpositionen 2, 12, 8, 13, 4 werden als „Nicht-Tun" gedeutet.

Wahlweise: Die Karten im Kreis zu deuten ist eine großartige Möglichkeit für alle, die gern tiefer graben. Persönlich neige ich eher dazu, es einfach und unkompliziert zu halten.

Kartenpositionen 13, 9, 12, 1, 10, 7, 11 und 5 sind eine zusammenfassende Abfolge von Ereignissen oder als abschließender Blick auf die Entwicklungen.

Die Mondkraft (Durchgang 4)

Fügen Sie nun fünf Tarot-Karten (!) hinzu, um zusätzliche Einsichten zu erhalten. Versuchen Sie, sie mit den Lenormand-Karten zu verbinden, und beobachten Sie, wie sie sich gegenseitig beeinflussen und welche Energien die Tarot-Karten in die Lenormand-Deutung bringen. In dieser Phase ist es Ihre Entscheidung, ob Sie weitere Informationen zum Hintergrund oder zum Ergebnis brauchen.

Variante 1 – Der zunehmende Mond

Beeinflusst und liefert Details zum Thema der Legung. Gibt außerdem Ratschläge, wie Sie es am besten bearbeiten oder es vermeiden.

Wariante 2 – Der abnehmende Mond

Zusätzliche Informationen über das Resultat sowie über Strategien, um das Ergebnis entweder zu beeinflussen oder es besser zu erreichen, abhängig davon, ob Sie mit dem Resultat zufrieden sind oder nicht.

Ein Deutungsbeispiel

Dies ist eine Deutung, die ich für meinen Sohn gemacht habe, als er an einem großen Schulprojekt für einen seiner Fortgeschrittenenkurse arbeitete.

Die Frage: Wird mein Sohn es schaffen, das Projekt zu bewältigen und die Deadline einzuhalten? Ich mischte und wählte fünf Karten aus, um sie in einer Reihe auszulegen.

Reiter – Schlüssel – Mäuse – Turm – Ring

Reiter – neu / Neuigkeiten + *Schlüssel* – wichtig / Lösung zeigen, dass er eine neue, glänzende Idee haben wird, aber die *Mäuse* warnen vor Stress und Sorgen in Verbindung mit dem *Turm* – der Schule – und der *Ring* am Ende der Legung signalisiert den Abschluss des Projekts. Der *Schlüssel* weist in dieser Auslage auch auf die Wichtigkeit des Projekts hin sowie auf eine ziemliche Menge Stress (*Schlüssel* wichtig / entscheidend + *Mäuse* – Stress / Ärger).

Da *Mäuse* als Fokuskarte fiel, wollte ich mehr Informationen und Details über die Form des Stresses haben. Ich platzierte zwei Karten über die *Mäuse*, um weitere Details und/oder das Resultat dieses Stresses zu sehen, und legte zwei weitere Karten unterhalb der *Mäuse* aus, um die Form des Stresses zu enthüllen und herauszufinden, ob es irgendwelche Schwierigkeiten geben würde.

Das Kreuz

Herz – glücklich / Leidenschaft + *Sonne* – Erfolg / positiv repräsentieren ein glückliches und positives Ergebnis, aber mit einigen starken Ängsten und schweren Herausforderungen, die durch *Mäuse* – Stress / Sorgen + *Sonne* – starke Energie / mächtig und *Mäuse* – Nervosität / Angst + *Anker* – verankert / nach unten ziehend symbolisiert werden. All dies ist stark mit dem Projekt verbunden: *Anker* – das Ufer / das Ziel erreichen + *Buch* – Projekt / Studium.

 Nun fragte ich nach einem Ratschlag für die beste Strategie, um das Projekt anzugehen oder es weiterzuführen.

Der Stern

Tun: *Schlüssel / Vögel / Sonne / Kind / Turm*. Es ist für meinen Sohn *(Kind)* sehr wichtig *(Schlüssel)* positiv *(Sonne)* zu kommunizieren *(Vögel)* oder eine positive Haltung in der Schule *(Turm)* zu haben. Oder es ist für meinen Sohn wichtig, Rat *(Vögel)* von einem mächtigen oder einflussreichen Menschen *(Sonne)* zu suchen und sicherzustellen, dass er alle Regeln und Anordnungen *(Turm)* für das Projekt erfüllt.

Nicht-Tun: *Schlüssel / Berg / Anker / Fische / Turm*. Es ist eine zwingende Notwendigkeit *(Schlüssel)*, nicht zu zögern *(Berg)* und sich zu verhaken oder hinunterziehen zu lassen *(Anker)* durch die große Menge *(Fische)* an Arbeit für das Schulprojekt *(Turm)*. Diese Karten sind die Hauptursache für diesen Stress.

Der abschließende Kreis: *Fische / Buch / Berg / Reiter / Vögel / Herz / Kind / Ring*. Viel *(Fische)* Lernen und Recherche *(Buch)* wird manchmal herausfordernd oder unüberwindlich *(Berg)* sein, wird aber Bewegung nach vorn bringen *(Reiter)* und es wird Ratschläge *(Vögel)* geben, die Freude *(Herz)* für meinen Sohn *(Kind)* am Ende des Projekts *(Ring)* bedeuten. Für zusätzliche Hilfe oder Ratschläge durch Tarot fragte ich: Wie kann ich die Situation am besten zum Vorteil meines Sohnes beeinflussen und ihm helfen?

Die Mondkraft

Gerechtigkeit + Herz. Ich muss ihm helfen, das Projekt und seine Arbeit auf liebevolle Art *(Herz)* neu zu bewerten *(Gericht)*, indem ich im Hintergrund abwarte. Dabei ermuntere ich ihn beständig *(3 der Stäbe)* und baue sein Selbstbewusstsein auf *(Vögel + Sonne + Kind)*. Dass die *Herrscherin* am Anfang der Grundlagenreihe liegt, betont die Bedeutung meiner Beteiligung an oder meiner Überwachung der Entstehung dieses Projekts. Vielleicht wird dies einige der Ängste nehmen. Der *Bube/Page der Kelche + Berg + Anker + Fische* fordert mich auf, sicherzustellen, dass das Projekt detailliert ausgearbeitet ist.

Es betont auch die Wichtigkeit einer großen und ausführlichen Präsentation und erinnert daran, den überwältigenden emotionalen Stress unter Kontrolle zu halten. Die *3 der Münzen* weisen mit dem *Buch* darauf hin, dass Fähigkeiten, Kompetenz und Meisterschaft dieses Projekt zum Abschluss bringen werden.

Wie immer sollten Sie mit dieser Auslage spielerisch umgehen, sie Ihren persönlichen Bedürfnissen und Stimmungen anpassen.

Rana George

„Seit über 30 Jahren ist Lenormand mein Leben. Zu einer gewissen Zeit waren die Karten alles, was ich hatte, und alles, woran ich mich halten konnte. Später habe ich Tarot und andere Orakel-Werkzeuge hinzugenommen."

In Liebe
Rana George

Rana leitet regelmäßig Workshops und Studiengruppen, moderiert beim Readers' Studio, bei San Francisco Bats und zahlreichen weiteren Tarot-Konferenzen. Sie hat die Entstehung einiger Lenormand-Decks beratend begleitet und publiziert Artikel über das Kartenlegen. Sie bietet eine kostenlose Lenormand-Podcast-Reihe an und leitet eine offene spirituelle Gruppe.

Rana ist die Autorin des Bestsellers „The Essential Lenormand: Your Guide to Precise & Practical Fortunetelling". Mehr über Rana finden Sie hier: www.ranageorge.com

Der Lenormand-Stern

Nefer Khepri, PhD

DER LENORMAND-STERN

Es wird kein Signifikator verwendet. Sechs Karten werden gezogen und wie in der Grafik dargestellt ausgelegt.

Karte 5: *Tendenz – Wahrscheinlichkeit, dass sich die Erwartungen verwirklichen*
Karte 6: *Endergebnis*

Karte 1: Fundament – Der Grund hinter oder Fokus der Frage
Karte 2: Hindernisse: – Was Sie aktuell zurückhält
Karte 3: Kräfte, die für Sie arbeiten – Unterstützende Energien, Menschen oder Situationen
Karte 4: Erwartungen – Was Sie erwarten, das beste Ergebnis

Es werden auch Kartenkombinationen gedeutet. Sie können sie auf zwei Arten deuten oder beide Methoden verwenden. Zusammen mit der oben beschriebenen Vorgangsweise geben sie eine sehr gründliche Analyse der hinterfragten Situation:

Kombinationsmethode A

Karten 1 + 2, 2 + 3, 3 + 4, 4 + 5, 5 + 6

Kombinationsmethode B

1 + 4, 4 + 2, 2 + 5, 5 + 3, 3 + 6

Dreier-Kombinationen

Die obere und untere Hälfte des Lenormand-Sterns können auch gedeutet werden. Die obere Hälfte repräsentiert das, was bekannt ist oder gerade die Gedanken des Fragenden beschäftigt. Die untere Hälfte des Lenormand-Sterns spricht vom Unterbewusstsein oder Dingen, die bezüglich der Situation nicht bewusst bekannt sind.

Was bekannt ist oder in den Gedanken: Karten 4, 2 + 5
Was unbekannt ist, das Unterbewusstsein: Karten 1, 6 + 3

Ein Deutungsbeispiel

Hayden, ein Freund meiner 14-jährigen Tochter Ariel, hat Probleme mit einem bestimmten Kind, das Gerüchte über ihn in der Schule verbreitet. Ariel befragte die Lenormand-Karten, was sie tun könnte, um ihm zu helfen. Sie erhielt die folgenden Karten.

Kind + Schlüssel + Sense + Störche + Sonne + Haus

Karte 1 – Fundament: *Kind*

Offensichtlich ist ein Kind das Subjekt der Legung und Hayden ist erst 13. Die erste Karte sagt uns, worauf sich alle anderen Karten konzentrieren.

Karte 2 – Hindernisse: *Schlüssel*

Der *Schlüssel* steht für Erfolg, Wohlergehen. Einsichten, Antworten. Es ist eine sehr positive Karte für ein Hindernis. Meine Tochter erzählte mir, dass Hayden ein sehr beliebter Junge sei, fast zu beliebt bei den Mädchen. Daher interpretierte ich den *Schlüssel* für sie dahingehend, dass sein Erfolg mit den jungen Damen zu seinen Problemen beiträgt. Es könnte sein, dass eine junge Dame Gerüchte über ihn verbreitet hat.

Karte 3 – Für meine Tochter arbeitende Kräfte: *Sense*
Die *Sense* repräsentiert Schnitte, manchmal steht sie für physische Verletzungen – sogar dafür, geschnitten zu werden, Ablehnung, Beendigung. Ich interpretierte dies erst einmal so, dass meine Tochter sich aus dem Melodrama heraushalten sollte. Sie konnte Hayden unterstützen, aber es waren bestimmte Individuen involviert, von denen sie sich fernhalten sollte. Für mich bedeutete das, dass einige dieser Kinder ziemliche Dramaqueens waren. Ich schlug ihr auch vor, Hayden zu raten, sich ernsthaft zu überlegen, von einigen von diesen Kindern Abstand zu nehmen.

Karte 4 – Erwartungen: *Störche*
Die *Störche* repräsentieren Veränderung, Umzug, die Entwicklung einer Situation. Sie wiesen darauf hin, dass meine Tochter und Hayden bestimmte dahingehende Erwartungen hegten. Meine Tochter sagte mir, sie hoffe, dass sich alles in Luft auflösen würde und alle miteinander befreundet bleiben würden. Auch wusste sie, dass es Haydens Hoffnung war, dass die Gerüchteküche zu brodeln aufhören würde.

Karte 5 – Wahrscheinlichkeit, dass sich die Erwartungen verwirklichen: *Sonne*
Die *Sonne* ist eine sehr positive Karte und kündet von Erfolg, Freude, großem Glück und davon, dass alles gut wird. Ich sagte meiner Tochter, dass sich bei einer solch extrem positiven Karte in dieser Position sowohl ihre als auch Haydens Hoffnungen erfüllen würden.

Ergebnis: *Haus*
Das *Haus* repräsentiert das Heim, Familie, Stabilität und Sicherheit. Als Ergebniskarte interpretierte ich das *Haus* so, dass meine Tochter Hayden raten sollte, seinen Eltern zu erzählen, was in der Schule passierte. Ich sagte ihr, dass viele Eltern die Telefonnummern anderer Eltern hätten und dass sie wahrscheinlich die Eltern des Mädchens und anderer Kinder kontaktieren könnten, die die Ursache des Problems waren. Ich sagte ihr auch, dass sich Hayden besser fühlen würde, nachdem er sich seinen Eltern anvertraut hätte, und dass Eltern dazu da wären, ihre Kinder zu unterstützen, besonders in schwierigen Zeiten.

Interpretation der Kartenkombinationen
Es gibt drei Methoden. Die ersten beiden Methoden untersuchen Kartenpaare und die dritte Methode betrachtet Dreier-Kombinationen.

Methode A: Paaren der Karten nach der Reihenfolge der Zahlen

Karten 1 + 2: Kind + Schlüssel

Das *Kind* repräsentiert Hayden und der *Schlüssel* repräsentiert ihn als sehr erfolgreich (er ist sehr intelligent und hat gute Zensuren) und wahrscheinlich beliebt (meine Tochter sagt, er sei zu beliebt). Er scheint ein glückliches Kind zu sein, abgesehen von den Dingen, die ihm in der Schule widerfahren.

Karten 2 + 3: Schlüssel + Sense

Etwas beschneidet oder vermindert Haydens Gefühl von Wohlbefinden und Glück.

Karten 3 + 4: Sense + Störche

Große Veränderungen stehen an. Die *Sense* weist darauf hin, dass Dinge zu Ende gehen, während die *Störche* für Veränderung stehen. Wenn Hayden seine Einstellung, sein Verhalten oder seine Herangehensweise an die Situation ändert, wird dies großen Wandel verursachen und die Probleme sollten beendet sein.

Karten 4 + 5: Störche + Sonne

Eine Veränderung zum Guten, die viel Freude, Befriedigung und eine erfolgreiche Lösung des Problems mit sich bringt.

Karten 5 + 6: Sonne + Haus

Haydens Glück wird zurückkehren und mit ihm ein stärkeres Gefühl von Stabilität und Frieden für ihn und auch für die anderen involvierten Kinder, sobald er sich seinen Eltern anvertraut hat.

Methode B: Paaren der Karten der räumlichen Reihenfolge nach

Karten 1 + 4: Kind + Störche

Das fragliche *Kind* (Hayden) wird einige wichtige Veränderungen erleben (*Störche*). Es ist ein Lebensabschnitt, in dem Kinder alle möglichen Veränderungen durchleben, sowohl innerhalb ihres Körpers als auch im sozialen Umfeld. Sie sind mit sich selbst und mit ihrem Umfeld sehr beschäftigt.

Karten 4 + 2: Störche + Schlüssel

Es kommt definitiv zu Veränderungen (*Störche*), die zu großem Erfolg und zur Zufriedenheit führen (*Schlüssel*).

Karten 2 + 5: Schlüssel + Sonne

Eine sehr positive Kartenkombination, da beide Karten für Erfolg und allgemeines Wohlbefinden stehen. Die Kombination *Sonne* + *Schlüssel* ist ein deutlicher Hinweis darauf, dass die ganze Situation sich in Wohlgefallen auflösen und das Ergebnis die Erwartungen wahrscheinlich übertreffen wird.

Karten 5 + 3: Sonne + Sense

Diese Kartenkombination wird häufig als Elektrizität oder Hochspannung interpretiert. Eingedenk all der Gerüchte, die um Hayden herum kursieren und von einem Mädchen in die Welt gesetzt wurden, ist die Situation durch eine Reihe melodramatischer Teenager sehr aufgeladen.

Karten 3 + 6: Sense + Haus

Instandsetzung eines Hauses. Betreffs der Situation ist das „Tagesheim" eines Kindes die Schule. Daher sagt mir diese Kartenkombination, dass Wiedergutmachungen geleistet werden und dass sich die Eltern der Kinder, die für Haydens Unglück verantwortlich sind, mit ihnen auf die eine oder andere Weise auseinandersetzen werden, wenn er den Rat meiner Tochter befolgt, sich seinen Eltern anzuvertrauen.

Methode C: Dreier-Kombinationen

Die Karten werden horizontal halbiert. Die oberen drei Karten (Positionen 4, 2 + 5) werden von links nach rechts gedeutet und repräsentieren den mentalen Zustand des Fragenden. Die unteren drei Karten (Positionen 4, 2 + 5) repräsentieren das Unterbewusstsein oder was bezüglich der Situation noch nicht bekannt ist.

Karten 4 + 2 + 5: Störche + Schlüssel + Sonne

Sowohl Hayden als auch meine Tochter sind darauf konzentriert, die Situation zu verändern (Störche), und ihnen ist bewusst, dass – wenn sie einmal verändert ist – sie großen Erfolg und mehr Wohlbefinden (Schlüssel) mit sich bringen wird. Die Sonne weist dabei auf eine erfolgreiche Lösung der Sache hin, die die Erwartungen übertreffen wird. Im Augenblick sind sowohl Hayden als auch meine Tochter darauf konzentriert, die Situation zu verändern und das Gleichgewicht innerhalb ihres Freundeskreises wiederherzustellen.

Karten 1 + 6 + 5: Kind + Haus + Sense

Diese Kartenkombination weist darauf hin, dass das fragliche Kind (sowohl Hayden als auch meine Tochter) ein behütetes Heim hat, das stabil ist (Haus). Allerdings hat die Situation in der Schule beide so mitgenommen, dass sie selbst daheim noch darüber nachgrübeln und sie so eine Hauptquelle von Stress für beide wird.

Nefer Khepri

Homepage: www.magickal-musings.com
Blog: magickalmusings.wordpress.com

Die Nicht-Auslage

Sylvie Steinbach

DIE NICHT-AUSLAGE

Die Nicht-Auslage hat kein Muster als Vorlage und sie verwendet auch keine bestimmte Anzahl von Karten. Das Keltische Kreuz hat beispielsweise zehn Positionen. Auch in der Nicht-Auslage verwenden wir zehn Karten. Jede dient als ein Rahmen, in dem die Kartendefinitionen angewendet werden: Karte 1 ist der Fragende, Karte 2, was ihn behindert, und so weiter.

Allerdings berücksichtigen wir in der Nicht-Auslage die Positionen oder Beziehungen der Karten untereinander nicht, bevor nicht jede Schlüsselkarte, die wir deuten wollen, aufgedeckt und deren Deutungsprozess abgeschlossen ist. Erst dann richten wir unsere Aufmerksamkeit auf das, was neben jeder Schlüsselkarte enthüllt wird.

Mit dieser Nicht-Auslage können Sie die Karten auch für jemanden … wie Ihren Hund deuten!

Diese besondere Deutungsart werde ich nun für Bea, eine englische Bulldogge, anwenden. Sie wurde vor vier Monaten adoptiert und ich hätte gern ihr Feedback über ihre bisherigen Erfahrungen mit diesen Veränderungen und über ihre neue Familie … Dies ist eine wahre Geschichte.

Die Deutung wird aus dem Blickwinkel der Hündin gemacht, sie soll die Gedanken des Hundes zeigen. Bea ist weniger als zwei Jahre alt und wurde vor vier Monaten adoptiert. Sie war in keinem Heim, sondern in einer Familie, die mit dem Tier nach der Geburt eines Babies nicht klarkam. Sie ist eine reinrassige englische Bulldogge.

Nicht-Auslage für Hündin Bea

Die Schlüsselkarten (Signifikatoren) werden gedanklich aufgeladen, während die Deuterin mischt und über die Frage oder den Sinn der Anfrage nachdenkt.

Schlüsselkarten

Energie-Karten

Für Anfänger ist es vielleicht hilfreich, die Schlüsselkarten herauszulegen und sie anzusehen, bevor sie mit der Energie der Person geladen werden (unter Verwendung des Namens der Person). Doch müssen sie vor dem Mischen wieder in das Deck gelegt werden.

Frage 1: Welche Gefühle hat Bea über ihre neue Familie (bestehend aus einem kinderlosen Paar)?

Die Nicht-Auslage funktioniert bei dieser Fragestellung auf vielen Ebenen. *Herr* und *Dame* wurden mit den Namen der „Eltern" aufgeladen und der Hund wurde als – nun ja, Bea – fokussiert. Die Schlüsselkarten schwingen nun mit den Energien der betreffenden Personen und des Haustiers.

Das Deck wird mit der Rückseite nach oben ausgefächert. Ich wähle Karten aus, während ich mich intensiv auf meine Schlüsselkarten und auf das konzentriere, was ich wissen möchte. Jede gezogene Karte wird umgedreht, um die Motive der Personen zu enthüllen, eine Karte nach der anderen in einer ordentlichen Reihe, bis alle Signifikatoren aufgedeckt sind

und ich weitere Karten nachgezogen habe, damit ich sicher sein kann, dass ich alle Informationen habe, die ich brauche.

Nicht-Auslage Ergebnis 1: Kind + Bär + HERR + Schlüssel + Mond ... Sarg + Park + HUND + Schiff + DAME + Rute + Reiter ...

Analyse 1

Beginnen wir mit dem *HUND* Bea: Der *Park* steht entweder für eine wichtige Tatsache oder beschreibt die Persönlichkeit / das Aussehen. Das Motiv dreht sich um eine Menschenmenge, eine angenehme Umgebung oder einen geselligen Charakter. Wir nehmen Letzteres und beschreiben Bea als einen Hund, der sich gern mit Menschen umgibt und gut mit sozialen Kontakten klarkommt und vielleicht eine Rudelmentalität besitzt.

Das *Schiff* weist auf die Zukunft oder zukünftige Vorhaben hin. Bei der Karte geht es um Reisen, Herumkommen und Entfernungen. Also kommt Bea gern herum (ist gern im Auto) oder ist sehr an Ausflügen interessiert. Das ergibt nicht automatisch Sinn, aber wir sind noch nicht fertig und werden daher unvoreingenommen bleiben.

Der *Sarg* unterstützt den *Park* und weist auf Veränderungen im Umfeld hin, tiefgreifende Transformationen oder ein Ende. Also scheint Bea zu denken, dass sie eine Veränderung ihres menschlichen Umfeldes und ihrer Umgebung durchgemacht hat.

Die zwei Karten weiter rechts beinhalten eine weitere Schlüsselkarte, die mit der Energie der weiblichen Besitzerin aufgeladen wurde. *Schiff* und *Dame* zeigen daher, dass Bea gern mit der Frau gehen oder mit ihr ins Auto gehen würde, oder die Karten beschreiben ihre Halterin als ständig in Bewegung! Hmmm ...

Lassen Sie uns mit der Schlüsselkarte *DAME* fortfahren. Vergessen Sie nicht, dass es Beas Perspektive ist, nicht die einer anderen Person. *Hund* und *Schiff* zur Linken der *DAME* zeigen, dass Bea die Frau als jemanden sieht, der häufig weg ist, sprechen aber auch davon, dass sie von der Frau auf einen Ausflug mitgenommen wird.

Rechts von der *DAME* liegen *Ruten* und *Reiter*. *Ruten* bedeuten eine Handlung, körperliche Aktivität oder Routine. Also sieht Bea die Frau als sehr aktiv und energiegeladen. Der *Reiter* bringt Neuigkeiten, neue Lebenskapitel und Aktivitäten, die auf jemanden zukommen. Wir könnten das so interpretieren, dass die Frau Überbringerin neuer Situationen für Bea ist, oder es ist die Betonung ihrer Aktivitäten oder heißt vorwärts und rückwärts gehen (?).

Nun betrachten wir den *HERRN*, der mit dem Namen des männlichen Halters aufgeladen wurde. Er hat den *Bären* zur Linken, was ihn zum Inbegriff von Autorität und Schutz macht. Für Bea ist er der Boss! Rechts zeigt der *Schlüssel*, was bestimmt ist, und betont, dass die nächste Karte von Bedeutung ist. Die folgende Karte ist der *Mond*, die emotionale Karte. Anscheinend steht Bea auf diesen Mann. Lach. Lassen Sie uns nun die Karten links betrachten. Da haben wir das *Kind* und den *Bären*. Also mindert das *Kind* die kontrollierenden Aspekte des *Bären*, indem es die Macht kindlicher macht … vielleicht verspielter. Es liegt auch ein Hauch von Erziehung in der Luft, den ich interessant finde. Etwas, was ich das Paar fragen würde, da diese Anspielung in der Vergangenheit liegt. Vielleicht erhalte ich von ihnen aufschlussreiche Information dazu.

Also in der Zusammenfassung: Bea beschreibt ihre neue Familie als aus einem Mann bestehend, der eher eine Autoritätsfigur darstellt, aber auch ein gefühlvoller Erzieher ist, was eine wichtige karmische Lektion *(Schlüssel)* für den Mann bedeuten könnte. Die Frau ist die aktive Gestalt, die

Überbringerin von Neuigkeiten und neuen Situationen, die in extremer Form kommt und geht. Über das Auto, mit dem sie in Beas Kopf verbunden ist, muss die Klientin befragt werden.

Nun zur zweiten Frage … Wir mischen erneut und konzentrieren uns auf den Signifikator *HUND* für Bea. Während wir unsere Karten wählen, stellen wir sicher, dass wir auf das konzentriert bleiben, was wir wissen wollen.

Frage 2: Wie sah Beas Leben aus, bevor sie in ihr neues Heim kam?

Nicht-Auslage Ergebnis 2: Brief + Buch + Herz + HUND + Park + Kind + Kreuz

Auch hier sollten wir nicht aus den Augen verlieren, was wir fragen. Alles liegt in der Vergangenheit (Bea lebt dort nicht mehr). Daher stehen die Karten links von der Schlüsselkarte für das, wo sie herkommt, bevor sie in die vorherige Familie kam, und rechts steht dafür, was sie erlebte, als sie dort war.

Analyse 2

Das *Herz*, die Liebe, liegt linker Hand. In diesem Fall eine fürsorgliche Liebe. Der *Park* spricht von einer Menschenmenge, einer angenehmen Umgebung (vielleicht draußen in der Natur). *Brief* und *Buch* unterstützen das *Herz*. Der *Brief* bedeutet Dokumente, und zwar lehrreiche Informationen, weil das *Buch* Unbekanntes, Lernen und Entdecken symbolisiert. Das könnte sich auf ihren Stammbaum beziehen (sie stammte von einem Züchter) und man hat sich sehr liebevoll und gut um sie gekümmert. Das hört sich vielleicht kitschig an, aber wir

sind nicht hier, um zu urteilen, wir folgen einfach nur den Informationen der Karten. Wir werden uns das später zusammenreimen.

Dem *Park* folgen *Kind* und *Kreuz*. Es scheint, dass das *Kind* hier wörtlich zu nehmen ist, also einen jungen Menschen oder ein Baby bedeutet. Das *Kreuz* ist Schmerz, Sorge und Opfer. Das soziale Umfeld wird als draußen oder rege und mit vielen Menschen beschrieben, aber das Kind führt zu Schmerz.

Wir können also sagen, dass Bea in diese Familie aus einem fürsorglichen Hintergrund kam (Rassehund, Papiere, Kauf) und in einem positiven sozialen Umfeld landete, bis das *Kind* in der Mitte der Legung auftaucht, und plötzlich wird es schwieriger. Mit dem Hintergrundwissen, das ich Ihnen vor der Legung vermittelt habe, ist es ein wenig unheimlich, Beas Sichtweise vom Auftauchen des Babys zu sehen. Ich weiß auch, dass sie den ganzen Tag alleine draußen sein musste, bevor das Ehepaar entschied, sie einer anderen Familie zu geben.

Ich finde, dass diese beiden Fragen Beas Geschichte eine interessante Perspektive aus ihrer Sicht verleihen. Ich werde dem Ehepaar etwas davon mitteilen und schauen, was sie mir zu Beas Vergangenheit noch für weitere Rückmeldungen geben. Dieses Feedback werde ich mit Ihnen teilen.

Feedback der Besitzer: Bea wurde wegen der Kleinkinder (beide unter zwei Jahren alt) in der Familie, die sie vom Züchter gekauft hatte, zur Adoption freigegeben. Vielleicht weil Beatrice gern spielerisch kämpft und das zu viel für die Eltern war. Sie wurde am Ende etwas vernachlässigt (keine Besuche beim Tierarzt, keine Sterilisation) und lebte fast nur noch in einem dreckigen Hinterhof. Aber sie liebt Menschen und Kinder, daher wurde sie nicht wirklich missbraucht.

Sie liebt das Auto. Die Dame, die sie nun besitzt, sagte, dass Bea eigentlich immer im Auto sitzen möchte, was die Frau aber auch selbst ständig tut!! Aber der Ehemann ist der Boss und er, der niemals eine Hündin haben wollte, verliebte sich auf den ersten Blick von der anderen Straßenseite in Bea. Er benimmt sich ihr gegenüber wie ein Sugar-Daddy und Bea kann in seinen Augen nichts falsch machen. Zwischen ihnen beiden besteht eine Bindung, die meine Freundin nicht mit dem Hund hat. Die karmische Verbindung machte daher viel Sinn für sie …

Ich lies sie lesen, was ich hier geschrieben habe, und sie war erstaunt, wie genau die Fakten waren. Ihr Mann war so beeindruckt, dass er sich von mir die Karten zu seinen eigenen Themen legen ließ.

Sylvie Steinbach

Sylvie Steinbach ist seit über 20 Jahren professionelle intuitive Lenormand-Expertin in Los Angeles.

Im Laufe der Jahre hat Sylvie Steinbach eine Freistil-Deutungstechnik perfektioniert, die sie „Nicht-Auslage" nennt – eine innovative und flexible Annäherung an die klassische Lenormand-Deutung. 2007 stellte sie schließlich ihr Schlüsselkarten-basiertes System mit aktualisierten Bedeutungen der 36 Symbole im Buch „The Secrets Of The Lenormand Oracle" vor.

www.sylviesteinbach.com

Nah & Fern

Andy Borooeshengra

NAH UND FERN

Die Große Tafel ist die traditionellste Art, die Lenormand-Karten zu deuten. Selbst wenn sich ein Interpret dafür entscheiden sollte, die Große Tafel nie zu verwenden, ist sie ein Auslagemuster, das alle Lenormand-Deuter lernen und beherrschen sollten. Warum? Sie ist die Grundlage der gesamten Lenormand-Systematik. Für sie wurde das Kartendeck entwickelt. Erst wenn wir mit allen 36 Karten arbeiten, sehen wir wahrhaftig, wie das Orakel funktioniert.

Hier werde ich Ihnen die älteste Methode der Lenormand-Deutung mit der Großen Tafel vorstellen: „Distanzieren" oder „Nah und Fern".

In den frühesten Gebrauchsanweisungen, die mit den meisten Lenormand-Decks zwischen 1850 und 1930 veröffentlicht wurden, wird die Bedeutung der Karten dadurch festgelegt, ob sie „nah" oder „fern" des Signifikators des Fragenden oder der Wolken lagen. Danach wird diese Bedeutung durch Kombinierung mit den umliegenden Karten (oben, unten, links und rechts) erweitert.

So wurde es mir beigebracht und so deute ich. Leider wird meistens angenommen, dass dieses Auslagemuster kompliziert sei. Das stimmt aber nicht. Entgegen der landläufigen Meinung ist es nicht verwirrend, sondern macht viel Sinn, aber es braucht Übung, Fleiß und Mühe, um es zu beherrschen. Doch ist die Tiefe, die es Ihren Deutungen verleihen wird, die Zeit und Mühen wirklich wert. Es wird Sie zu einem besseren Kartendeuter machen.

Die Auslage

Zuerst einmal beziehen wir uns bei der „Distanz"-Auslage auf die Große Tafel oder 36-Karten-Auslage. Die Logik dahinter kann und sollte in kleineren Auslagen ebenfalls angewendet werden, aber wir werden uns hier auf die Tafel konzentrieren.

Wenn wir die Distanz-Auslage verwenden, teilen wir die Tafel nicht in Vergangenheit, Gegenwart oder Zukunft auf. Alle Karten beziehen sich auf die Gegenwart und verlaufen in die Zukunft. Die meisten meiner Klienten wollen sich die nächsten sechs Monate ansehen. Doch lässt sich leicht mit allen Zeitspannen von drei Monaten (das ist meiner Meinung nach das zeitliche Minimum bei einer Tafel) bis hin zu zwei Jahren arbeiten. Ich empfehle Ihnen auch, keine Tafeln für lediglich eine Frage auszulegen – nutzen Sie dafür kleinere Auslagen und sparen Sie sich Zeit.

Bitte versuchen Sie nicht zu denken, dass alle Karten positiv sind. Karten sind entweder positiv, negativ oder neutral.

Positive Karten sind: *Reiter, Klee, Blumen, Sterne, Hund, Herz, Sonne, Mond und Schlüssel.*

Negative Karten sind: *Wolken, Sarg, Sense, Ruten, Fuchs, Berg, Mäuse und Kreuz.*

Neutrale Karten sind: *Schiff, Haus, Baum*, Schlange, Vogel*, Kind, Bär, Störche, Turm*, Park, Wege*, Buch*, Brief, Lilie, Fische und Anker.*

Die neutralen Karten mit Sternchen werden negativ mit negativen Karten. Vergessen Sie nicht, dies sind alles Ihre Deutungen und Sie können Ihre Kombinationen besser beurteilen. Also: Karten, die dem Signifikator des Fragenden am nächsten sind, sind am einflussreichsten – zum Besseren oder zum Schlimmeren.

Schritt 1

Mischen Sie die Karten, heben Sie sie ab und legen Sie alle Karten so aus, wie es Ihnen am liebsten ist. Persönlich bevorzuge ich vier Reihen mit acht Karten und eine Reihe mit vier Karten, doch kann diese Auslage auch auf vier Reihen mit neun Karten übertragen werden.

Schritt 2

Nun finden wir die Karte, die den Fragenden repräsentiert. Für eine Frau ist das immer die *Dame* für einen Mann ist das immer der *Herr*. Ausgehend von dieser Karte werden wir entscheiden, was „nah" und was „fern" ist. Zur Vereinfachung bei der Erklärung möchte ich die Auslage in vier Kategorien unterteilen: nah, in der Nähe, in mittlerer Entfernung und fern.

Nah: Dies sind die Karten, die den Signifikator berühren (vertikal, horizontal und diagonal). Im Beispiel sind sie rot markiert.

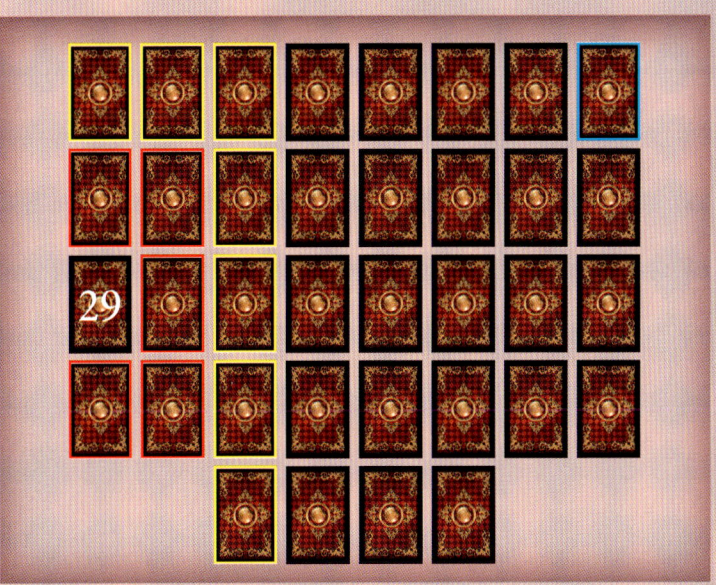

In der Nähe: Dies sind die Karten, die die nahen Karten direkt umgeben, und ich habe sie gelb markiert.

Mitte: Dies sind die Karten, die zwischen den Karten in der Nähe und den fernen Karten liegen. Ich habe sie nicht markiert.

Fern: Dies sind die Karten, die am allerweitesten vom Signifikator entfernt sind. Ich habe sie blau markiert.

Vorgehensweise

a) Zählen Sie vom Signifikator aus horizontal nach links und rechts und stellen Sie fest, auf welcher Seite mehr Karten liegen.

b) Auf dieser Seite zählen Sie vom Signifikator aus einmal diagonal so weit wie möglich nach oben und dann – falls das möglich ist – horizontal weiter bis zum Ende der Reihe. Machen Sie das Gleiche noch einmal, diesmal diagonal nach unten und wieder horizontal. Merken Sie sich die Karten, auf die Sie dabei treffen. Es könnte auch eine Karte dabei sein, auf die Sie unter a) getroffen sind.

c) Es muss immer wenigstens eine Karte im mittleren Bereich zwischen den „nahen" und den „fernen" Karten liegen. Wenn Sie die erst einmal festgelegt haben, haben Sie Ihre „ferne(n)" Karte(n). Die, die am weitesten entfernt ist, ist die „ferne Haupt-Karte".

Da Karte 29 in der zweiten Grafik ganz oben in der Tafel liegt, muss sich die „ferne" Karte in der letzten Reihe mit vier Karten befinden, denn es muss immer eine mittlere Karte zwischen der „fernen" und der „nahen" Karte geben. Ich würde auch die Karte unten links als „fern" bezeichnen.

Schritt 3

Nun haben Sie gelernt, was „nah" und „fern" bedeutet. Sie werden jetzt verschiedene Karten betrachten, die besonders wichtig für dieses System sind.

Die erste Karte ist Karte 6, die *Wolken*. Sie ist die zweitwichtigste Karte und verkörpert Sorgen, Ärger und Hindernisse, die sich verschlimmern, je näher sie beim Signifikator liegt.

Im Idealfall liegen die *Wolken* „fern" vom Signifikator und es ist besser, wenn die helle Seite der *Wolken* Richtung Signifikator fällt. Wenn aber Signifikator und *Wolken* nah beieinan-

der liegen, ist die helle Seite nur ein kleiner Trost, sie nützt nur, wenn die *Wolken* weit entfernt liegen.

In der Grafik können Sie sehen, dass Sie auch nah, in der Nähe und fern von den *Wolken* aus festlegen können. Von besonderem Interesse sind dabei alle nahen und fernen Karten, die sich Signifikator und *Wolken* teilen.

Betrachten Sie als nächste die Partnerkarte des Signifikators. Bei einer Frau ist das Karte 29 und bei einem Mann Karte 28. Diese Regel ändert sich nur bei gleichgeschlechtlichen Bezie-

hungen: Dann nehmen wir für den Partner Karte 1, *Reiter*, und für die Partnerin Karte 7, *Schlange*. Der Grund dafür ist, dass der *Reiter* traditionell ein Mann und die *Schlange* eine Frau ist – besonders in Sachen Liebe.

Liegen die Signifikatoren der Partner nahe den *Wolken?* Falls ja, ist Beziehungsstress sicher. Wenn beide Partner nahe den *Wolken* liegen, ist das ein schlechtes Zeichen. Liegt der Partner nahe dem Signifikator und ist frei von *Wolken?* Das ist gut, besonders wenn hauptsächlich positive Karten dabei liegen.

Schritt 4

Als Nächstes müssen Sie die anderen besonders wichtigen Karten betrachten: den *Baum,* den *Sarg* und den *Ring*. Zuerst stellen Sie einmal fest, ob diese Karten nah, in der Nähe, in der Mitte oder fern vom Signifikator des Fragenden liegen. Danach machen Sie dasselbe mit den *Wolken*. Beim *Ring* müssen Sie auch überprüfen, ob er links oder rechts vom Signifikator des Fragenden liegt.

Schritt 5: Nun sind Sie bereit, Ihre Tafel zu deuten.

Ich bevorzuge es, mit der Karte unterhalb oder mit einer unten links vom Signifikator zu beginnen und mich dann im Uhrzeigersinn nach außen durch die Tafel zu arbeiten. Das ist Gewohnheit, weil mein Lehrer mir das so beigebracht hat, unterstützt aber auch den flüssigen Deutungsprozess. Als Alternative können Sie jede Karte in numerischer Reihenfolge deuten – *Reiter, Klee, Schiff* und so weiter.

Die Bedeutungen der 36 Karten in der „Nah-und-Fern"-Auslage

Auf den folgenden Seiten befinden sich die Grundbedeutungen der Karten. Denken Sie daran, dass die Karten ihre Kernaussage dann besonders betonen, wenn sie „nah" oder „fern" des Signifikators liegen. Wenn sie in der Mitte der Auslage liegen, sind sie auch von der Aussage her „mittelmäßig" und Sie sollten Ihren logischen Verstand nutzen, um zu erkennen, dass drei Kartenschritte entfernt näher ist als fünf.

Die Interpretation der Karten wird durch die Karten, die neben ihnen liegen, in Kombinationen erweitert: So verspricht der *Reiter* nahe dem Signifikator Neuigkeiten von jemandem, den man kennt oder der in der Nähe lebt. Und wenn die *Sterne* nah beim *Reiter* liegen, werden es gute Neuigkeiten sein. Wenn die *Fische* auch noch da sind, ist es sehr wahrscheinlich ein guter Tipp fürs Geschäft oder die Finanzen. Kombinationen entstehen, wenn eine Karte eine andere berührt.

Wenn Sie alle diese Karten ausliegen sehen, kann dass ziemlich nervenaufreibend sein und den Gedankenfluss blockieren. Es ist nicht schwer, die Karten zu deuten, wenn Sie sich an ein flexibles System halten. Meiner Erfahrung nach ist es für Anfänger am besten, nach Themen geordnet zu lernen. Themen überkreuzen sich, beispielsweise teilen sich Arbeit und Geld viele Karten. Gleiches gilt für Heim und Liebe.

Daher empfehle ich Ihnen, sich Themen anzuschauen:

Liebe: *Herz, Ring* und *Anker* sowie die Partnerkarte

Heim und Familie: *Haus, Störche, Kind* (für Kinder) und *Lilie* (Blutsverwandte)

Arbeit: *Mond, Anker* und *Schiff* (für Selbstständige)

Finanzen: *Schiff, Bär* und *Fische* und *Sarg* für finanzielle Verluste

Gesundheit: *Baum, Sarg, Ruten* und *Turm*

Die Karten um diese Karten herum zu deuten und dann mit Methoden wie Spiegeln, Rösseln und Abzählen zu experimentieren, wird Ihnen viele zusätzliche Informationen liefern. Ich rate meinen Schülern, über ihre Tafeln Tagebuch zu führen. Sie werden nicht alles beim ersten Mal begreifen, also heben Sie Ihre Legungen auf und kommen Sie später darauf zurück.

Andy Boroveshengra

Grundbedeutung der Karten

In der folgenden Tabelle für die Bedeutungen habe ich den *Herrn* und die *Dame* nicht berücksichtigt, da sie einfach „Mann" und „Frau" bedeuten.

Karte	Bedeutung – wenn „nah"	Bedeutung – wenn „fern"
Reiter	Neuigkeiten von Bekannten oder Nachbarn. Positiv, außer mit negativen Karten.	Neuigkeiten aus der Ferne, aus dem Ausland oder von Fremden. Positiv, außer mit negativen Karten.
Klee	Glück und Zufriedenheit. Mit *Sonne* stärker und lang anhaltend.	Unglück und Einsamkeit, länger anhaltend mit den *Wolken.*
Schiff	Reise und Wünsche werden erfüllt. Um was es geht, sagen die Kombinationen.	Mit *Mäusen* oder *Sense* bringt es plötzlichen Verlust. Ohne negative Karten bietet sich eine finanzielle Gelegenheit durch Handel oder Erbschaft.
Haus	Liegt die Karte in der Mitte der Tafel, prognostiziert sie Verluste und Unfrieden daheim. Verschlimmert sich mit Signifikator oberhalb von ihm.	Ohne negative Karten verspricht das *Haus* Wohlstand und das gute Ende eines Problems.

Karte	Bedeutung – wenn „nah"	Bedeutung – wenn „fern"
Baum	Er bringt schlechte Gesundheit, je näher er dem Signifikator ist. Verschlimmert sich, wenn die *Wolken* und/oder der *Sarg* nahe bei ihm sind. Der Einfluss wird vermindert, wenn *Haus, Park, Wege* und *Sonne* nahe dem Signifikator oder den *Wolken* liegen.	Er bringt gute Gesundheit und Erfolg mit der Zeit. Mit dem *Turm* ein langes Leben. Wenn auch *Wolken* und *Sarg* dabei sind, ein kleineres Gesundheitsproblem.
Wolken	Sorgen, Ärger und Hindernisse werden den Fragenden in seinem beruflichen und privaten Leben plagen. Tradtionell verschlimmert es sich, wenn die dunkle *Wolken*seite Richtung Fragender zeigt.	Probleme werden sich als überwindbar erweisen und sich verringern, weil positive Umstände eintreten. Traditionell Glück bringend, wenn die helle Seite Richtung Signifikator liegt.
Schlange	Komplizierte Situationen und Unglück, deren Intensität sich steigert, je näher die Karte beim Signifikator liegt, und falls mit *Wolken, Sense* und *Fuchs* verbunden.	Die Probleme verlangen Geduld und sorgfältige Überlegung, um überwunden zu werden.
Sarg	Nahe dem Signifikator bringt die Karte Krankheit und aufwühlende Fehlschläge.	Der *Sarg* prognostiziert kleinere Rückschläge und Aufregungen, die durch die Anwesenheit positiver Karten noch flüchtiger sind.

Karte	Bedeutung – wenn „nah"	Bedeutung – wenn „fern"
Blumenstrauß	Glück und Freundschaften werden anhalten. Mit *Fischen* oder *Bär* wertvolle Andenken oder Erbstücke.	Eine positive Karte. Sie vermindert den Einfluss der Karten nahebei, was nützlich ist, wenn sich negative Karten in der Ferne häufen.
Sense	Warnung vor Aufregung und sogar Gefahr. Vermindert durch positive Karten in der Nähe. Verschlechtert durch negative Karten.	Mindert den Effekt jeder positiven Karte in ihrer Nähe. Prüfungen für die, die dem Fragenden nahestehen.
Ruten	Mit dem *Baum* bringen oder verschlimmern sie Krankheit. Ansonsten prophezeien sie Aufregung, Unfrieden und Rückschläge daheim und in der Familie.	Mit dem *Haus* bringen sie Tratsch und fragwürdige Ereignisse im persönlichen Bereich des Fragenden oder der Familie. Ansonsten prophezeien sie müßigen Tratsch oder Dokumente, die beachtet werden müssen.
Vögel	Stress und Sorgen verdunkeln eine Zeitspanne im Leben des Fragenden, was sich verschlimmert, je näher die Karte beim Signifikator oder den *Wolken* liegt. Sie werden allerdings nicht für immer anhalten.	Eine angenehme Kurzreise wird gemacht, normalerweise im eigenen Land. Betrachten Sie die umliegenden Karten für den Grund der Reise.
Kind	Hoffnungen und Wünsche beginnen sich zu materialisieren. Gute Freundschaften. Mit negativen Karten in der Nähe könnte der Fragende etwas naiv sein.	Frei von negativen Karten ist der Fragende des Vertrauens und der Freundschaft seines Umfelds sicher. Mit den *Vögeln* eine Schwangerschaft.

Karte	Bedeutung – wenn „nah"	Bedeutung – wenn „fern"
Fuchs	Vorsicht, Lügner und Betrüger sind mit negativen Karten in der Nähe. Wenn *Berg* und *Wege* weit entfernt sind, wird der Fragende Hilfe erhalten.	Solange nicht nahe den *Wolken*, stellen sich die Ängste des Fragenden als falsch heraus.
Bär	Schutz und monetäre Belohnung und gute Freunde helfen dem Fragenden.	Hüten Sie sich vor der Eifersucht womöglich einflussreicher Menschen. Glück kann Neid entfachen.
Sterne	Erfolg und Glück, je näher sie fallen, und noch verbessert duch positive Karten. Mit den *Fischen* Geld.	Gute Neuigkeiten und Ergebnisse. Doch mit den *Wolken* eine Pechsträhne, die umso länger anhält, je weiter die Karte vom Fragenden entfernt ist.
Störche	Wandel und Bewegungen resultieren in Erfolg.	Wandel bringt Frustration oder wird verzögert oder stellt sich als unglücklich mit negativen Karten heraus.
Hund	Treu in Liebe und Freundschaft. Eine neue Freundschaft wird anhalten.	Ein Mangel an Treue und Ehrlichkeit in Transaktionen. Mit den *Wolken* Vorsicht vor den Intentionen anderer.
Turm	Eine Zeit der Einsamkeit und Trennung oder ein Zusammenprall zwischen den Karten auf beiden Seiten des *Turms*. Mit den *Wolken* bringt er ernsthafte Krankheit.	Ein langes Leben, Weisheit und Erfolg sowie andauernde Gesundheit mit dem *Baum*. Mit den *Wolken* chronische Krankheit.

Karte	Bedeutung – wenn „nah"	Bedeutung – wenn „fern"
Park	Glück in den Transaktionen mit anderen Menschen. Mit den Karten *Haus*, *Wege* und *Sonne* und *Baum* verbesserte Gesundheit.	Es wird Einsamkeit und Zeiten des Unfriedens in Freundschaften geben. Verschlechtert sich mit negativen Karten.
Berg	Vorsicht, hinterhältige Menschen ohne Skrupel.	Die Freundschaften des Fragenden werden helfen, jeder Schwierigkeit die Stirn zu bieten. Mächtige Verbündete.
Wege	Bald wird ein schwieriges Problem auftauchen, das nicht leicht überwunden werden wird. Enttäuschung und Opfer.	Führung bei den Problemen des Fragenden. Er wird vor Liebeskummer bewahrt, besonders wenn der *Berg* nahe ist.
Mäuse	Verluste und Diebstahl. Allerdings: je näher beim Signifikator, umso kürzer die Zeit, bis das Verlorene zurückkehrt. Vermindert positive Karten. Mit dem *Baum* ist der Verlust gesundheitsbezogen und hält länger an.	Was verloren ist, kehrt nicht zurück. Verringert negative Karten in der Nähe.
Herz	Glück und Liebe für den Fragenden. Neue Beziehungen und Interessen. Vermindert negative Karten.	Das Glück ist bescheidener. Mit negativen Karten kann es zu einer kurzen Aufregung kommen.

Karte	Bedeutung – wenn „nah"	Bedeutung – wenn „fern"
Ring	Rechts vom Fragenden bringt er das Versprechen von Liebe und Verbindlichkeit sowie günstige Verträge. Links vom Fragenden bringt er Herzschmerz, Trennung, Verlust von Liebe und Streit im Geschäft.	Links vom Fragenden verlaufen Beziehungen im Sande und nehmen ein natürliches Ende. Verträge werden aufgelöst. Rechts vom Fragenden beginnen neue Beziehungen in einer fernen Zukunft und das Geschäft wird sich erholen.
Buch	Wichtige Informationen und Geheimnisse. Die Wichtigkeit nimmt mit der Nähe zum Signifikator zu. Die Art des Wissens wird von den Karten beschrieben, die das Buch berühren.	Weniger schwerwiegende Geheimnisse und Tratsch.
Brief	Wichtige Neuigkeiten. Liegt der Signifikator nahe den *Wolken,* sind es schlechte Neuigkeiten.	Wichtige Neuigkeiten. Liegt der Signifikator fern den *Wolken,* sind es freudige Neuigkeiten.
Lilie	Liegt die Karte über dem Signifikator, bedeutet dies einen guten und ehrlichen Charakter. Unter dem Fragenden ist der Charakter zweifelhaft. Familienangelegenheiten werden betont, die unangenehmer werden, je näher sie bei negativen Karten liegen.	Solange die *Wolken* nicht nahe der *Lilie* sind, läuft alles gut mit der Familie und daheim.
Sonne	Glück wird anhalten. Mutige Schritte führen zu Erfolg und Reichtum. Liegen die *Wolken* nah, sollte nicht zu hoch gepokert werden.	Sorgen und Zweifel werden Interessen des Fragenden stören. Rückschläge und Fehlschläge.

Karte	Bedeutung – wenn „nah"	Bedeutung – wenn „fern"
Mond	Näher am Signifikator gibt es erfolgreichen Fortschritt im Berufsleben. Neue Arbeit, Beförderung.	Fehlschlag im Berufsleben und Mangel an Unterstützung von Vorgesetzten. Wird verschlimmert durch die Gegenwart der *Wolken* und negativer Karten.
Schlüssel	Je näher diese Karte beim Signifikator liegt, umso eher sind Hoffnungen und Wünsche garantiert. Negative Karten in der Nähe mindern den Einfluss der Karte etwas und zeigen Herausforderungen, die noch überwunden werden müssen.	Je weiter diese Karte vom Signifikator entfernt ist, umso mehr bringt sie Kummer, Enttäuschung und anhaltende Reue. Dies wird durch die Nähe zu den *Wolken* und negativen Karten verschlechtert.
Fische	Erfolg im Geschäft und in den Finanzen. Mit der *Sonne* und/oder den Sternen unerwarteter Gewinn.	Neue Unternehmungen und finanzielle Geschäfte stellen sich als profitabel heraus.
*Anker**	Probleme und Untreue in Liebesdingen. Neue Beziehungen halten nicht lange. Finanzielle und geschäftliche Forderungen werden an den Fragenden gestellt, die er nicht erfüllen kann.	Es wird gute Zeiten im Berufsleben geben. Verstärkt sich mit positiven Karten. Liebe und Beziehungen verlaufen gut. Hoffnung.
Kreuz	Herzschmerz, Trauer und intensive, wenn auch kurz anhaltende Aufregungen. Gläubigkeit.	Anhaltende Trauer und Stress über einen längeren Zeitraum, wird verschlimmert durch die Gegenwart negativer Karten.

Zum Thema *Anker:* Ich habe Ihnen die Bedeutung der Karte so vermittelt, wie ich es von meiner Tante gelernt habe und sie in meiner professionellen Praxis verwende. Doch werden die Bedeutungen, die ich für den *Anker* gegeben habe, von anderen Interpreten genau umgekehrt verwendet. Sie sehen dann den *Anker* in der Nähe des Signifikators als positiv für Liebe und Geschäft und in der Ferne als unbeständig und mühsam. Ich weiß nicht, warum meine Tante diese Variante verwendete, aber es funktioniert bei mir. Doch entscheiden Sie, was Ihnen am besten gefällt – und halten Sie sich daran. Beständigkeit in der Deutung ist sehr wichtig.

Andy Boroveshengra

ist ein professioneller Wahrsager, spezialisiert auf Handlesen und Kartendeutung. Er lebt und arbeitet in England. Er gibt Beratungen in Birmingham, London und Severn Valley.

Veröffentlichung: „36 Cards: Fortune-Telling with the Petit Lenormand". Seine beiden Blogs heißen:
Persönlich: http://www.boroveshengra.blogspot.co.uk
Lenormand und Tarot: www.boroveshengra.wordpress.com

SCHLUSSGEDANKEN

VERSUCH & IRRTUM

Die Gestaltung dieses Decks war ein langwieriger Prozess. Auch wenn viele Fotographien bei der Entstehung verwendet wurden, ist jedes Pixel des endgültigen Motives ein Original. Inspirationen und Ideen kamen von unterschiedlichen Quellen, von Internet-Recherchen bis hin zu Objekten in meinem eigenen Haushalt. Während der Entstehungszeit habe ich das Werk in verschiedenen Entwicklungsstadien auf diversen Seiten im Internet gepostet. Die Resonanz kann ermutigen und ein nützlicher Test dafür sein, was „funktioniert" und was nicht.

Um ein Kartendeck mit dem Anliegen zu produzieren, dass es nicht nur „bewundert", sondern auch benutzt wird, muss man die Zielgruppe berücksichtigen und nicht in einer künstlerischen Blase alleine vor sich hin arbeiten. In manchen Fällen weist das Feedback darauf hin, dass man auf der falschen Spur ist. Ein solches Beispiel war der erste Entwurf der *Dame* (oder Frau). Als ich sie das erste Mal auf Facebook zeigte, wurde diese *Dame* keineswegs herzlich empfangen. Die meisten (weiblichen) Reaktionen zeigten, dass sie als zu sinnlich und „pin-up" empfunden und im Allgemeinen nicht als ein Archetyp gesehen wurde, mit dem sie sich verbunden fühlten. Angesichts dieser recht überwältigenden Resonanz wäre es

falsch von mir gewesen, auf meinem Standpunkt zu beharren, und so wurde die charmante Dame entfernt. Bei fast allen Motiven, die ich postete, wurden unvermeidlicherweise Stimmen der Missbilligung laut, zum Beispiel beim *Reiter*. Manche stellten meine Darstellung einer Frau in Frage, andere ihre Kleidung (oder den Mangel davon) oder die ungewohnte Verwendung eines Karussellpferdes.

Allerdings ist es die eine Sache, Reaktionen zu berücksichtigen, und eine andere, letztendlich seinen eigenen Weg zu gehen. Sonst verkommt der Entstehungsprozess dahingehend, dass man nur das wiederkäut, was andere vor einem getan haben. Oder man endet mit einem von einem Komitee bewilligten Design. Im Falle des besagten *Reiters* beharrte ich auf meinem Entwurf, auch wenn ich einen Lederbeutel hinzufügte und die *Reiterin* einen Brief halten ließ, um das Konzept des Überbringens von Nachrichten zu verstärken.

Eine andere groß angelegte Debatte drehte sich um die Einbindung der mit den einzelnen Lenormand-Karten verbundenen Spielkarten. Sie einzuschließen oder nicht, und wenn, wie. Da die Spielkarten einen Einfluss und eine traditionelle Verbindung haben, beschloss ich, wenigstens eine Anspie-

lung auf sie einzubinden. Doch empfand ich das Zeigen einer kompletten Spielkarte als zu ablenkend und oft als Verursachung von visuellem Ungleichgewicht. Daher entschied ich mich für die goldene Mitte und band die korrespondierenden Karten-Symbole in vereinfachter Weise in den filigranen Goldrahmen der Karten ein.

Für die Einbeziehung und Verwendung von Zahlen und korrespondierenden Spielkarten wurden verschiedene Alternativen erwogen.

Karte 20

Die beste Darstellung des *Parks* war ein Thema, das ich für längere Zeit durchdachte. Wie beim *Haus* wurde das Bild auf dieser Karte teilweise von einem realen Ort inspiriert, den ich besucht hatte: das Schloss Linderhof des verrückten Königs Ludwig II. in Bayern. Anders als seine bekanntere Cousine Neuschwanstein wurde Linderhof mit seinen Treppenstatuen und Wasseranlagen vollendet und tatsächlich bewohnt, diente als eine der königlichen Residenzen. Seine anfängliche Nutzung war eher privater Natur und nicht als der öffentliche Treffpunkt, als der die Karte oft dargestellt wird. Ich entschied mich, keine Menschen zu zeigen und mich stattdessen auf das Ambiente und die Stimmung zu konzentrieren. Es herrscht eine stille Einsamkeit in diesem magischen Moment und Ort. Eine, die Sie bei Ihrem bevorstehenden Rendezvous erwartet.

Karte 22

Sie wird auf dem Großteil von Lenormand-Decks als Gabelung einer Straße oder eines Weges dargestellt. Obwohl solch ein Motiv gut funktioniert, empfand ich es auch als einen zu sehr ausgetretenen Pfad. Ich entschied mich stattdessen für die bildliche Metapher einer Treppe, die nach links und rechts gleichmäßig ausläuft und zu zwei verschiedenen Türen führt (siehe folgende Seite).

Auf dieser Treppe wird Ihnen eine deutliche Auswahl zwischen zwei Optionen angeboten. Obwohl ein Blick auf das zu erhaschen ist, was hinter jeder Tür liegen könnte, gibt es keinen Hinweis darauf, was besser wäre. Ein Dilemma, mit dem wir im Leben oft konfrontiert werden. Die Entscheidungen, die wir treffen, können spontan emotional und instinktiv sein oder geplant und kalkuliert und lang durchdacht. Aber jeder Ansatz wird von der eigenen Perspektive und den Umständen beeinflusst. So in etwa wie diese Karte von den mit ihr verbundenen Karten bei einer Deutung beurteilt und bewertet wird.

BEZÜGE
UND INSPIRATIONEN

Viele Elemente in den Karten basieren auf persönlichen Quellen. Das Kind ist meine eigene Tochter, als sie ein paar Jahre alt war. Das Schloss darauf ist die Reproduktion einer beleuchteten 3D-Wandmalerei, die ich für ihr Zimmer mit Schaumboard und Klebeband gemacht habe.

Vor vielen Jahren gewann ich eine fünftägige All-inclusive-Reise nach Barcelona (ein Preis des National Association of Photoshop Professionals für das Bild der Königin der Stäbe in meinem Legacy Tarot). Auf diesem Trip erstarrte ich in Ehrfurcht angesichts des Werks von Antoni Gaudí. Das Bild auf dem Haus ist meine lockere Anspielung auf die architektonischen Stile der diversen Strukturen, die er entwarf

und die zu den touristischen Hauptattraktionen jener Stadt gehören.

Andere Kunstobjekte innerhalb meines Heims tendieren dazu, sich den Weg in meine Arbeit zu bahnen, und das *Gilded-Reverie*-Projekt bildete hier keine Ausnahme. Von der Lilie, die auf unsere Haustür graviert ist, der Sammlung alter Wand- und Taschen-

uhren, antiken Büchern, dem Karussellpferd bis nicht zuletzt hin zu den Masken.

Während des gesamten Entstehungsprozesses nahm ich jede Gelegenheit wahr, erfahrene Lenormand-Experten mit einzubeziehen. Als das Projekt weiter fortschritt, konnte ich eine Rohfassung davon auf meinem Tintenstrahldrucker ausdrucken, die dann als eine „Testversion" an viele deutende Freunde gegeben wurde.

Zu ihnen gehörten Caitlín Matthews aus England und Morwenna aus Deutschland. Caitlín Matthews ist die Autorin des „Enchanted Lenormand Oracle" und des „Lenormand Learner's Handbook".

www.hallowquest.org.uk
www.caitlin-matthews.blogspot.com

Morwenna ist eine eifrige Deck-Sammlerin mit einer persönlichen Bibliothek von über 1000 Decks. Sie deutet Tarot und Lenormand seit über 25 Jahren. Als regelmäßige Teilnehmerin und Koordinatorin der jährlichen Readers'-Studio-Konferenzen in New York widmet Morwenna ihre Zeit auch der Tarot-Gemeinschaft als langjährige Moderatorin des Forums www.aeclectic.net.

ANHANG

Arbeiten Sie beruflich mit den Karten, haben Sie ein Lenormand-Blog oder eine Facebook-Seite zum Thema, die Sie gern dekorativer gestalten möchten? Dann besuchen Sie diese Seite auf meiner Homepage:

http://www.ciromarchetti.com/free.html

Dort finden Sie eine Reihe von Grafiken, die Sie gern herunterladen und so verwenden oder für Ihre Page anpassen können. Die hier abgebildeten Grafiken sind gut als Avatare oder Facebook-Banner verwendbar. Weitere werden gelegentlich hinzugefügt.

Zum *Gilded Reverie Lenormand* gibt es auch eine umfassende App für iPhone, Android, Kindle und Nooks.

Eine Auswahl von *Gilded-Reverie-Lenormand*-Lege-
tüchern, alle handgearbeitet, mit Goldband abge-
steppt und signiert. Die beiden aufgezeichneten
Auslagemuster für die Große Tafel entsprechen der
exakten Größe der Karten.

Außerdem erhältlich: Kartenbeutel im Gilded-Reve-
rie-Design.

Gilded-Reverie-Tücher
http://www.ciromarchetti.com/fabrics.html

Die welt des

mystischen

Lenormand

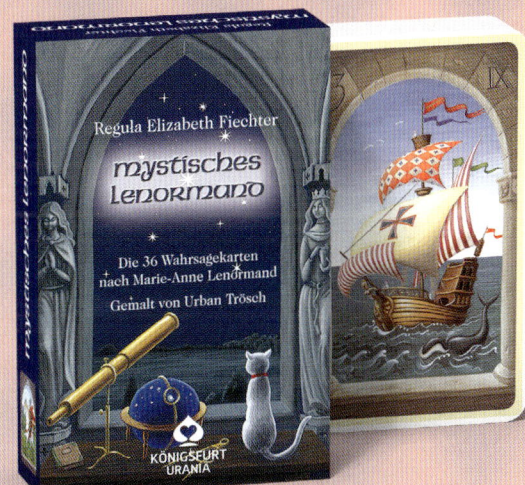

Regula E. Fiechter / Urban Trösch
MYSTISCHES LENORMAND

Set (Buch und Deck); Deck separat;

Buch separat; Lernkarten

Die Lenormand-Klassiker

Seit mehr als 100 Jahren bieten AGM AGMüller, Neuhausen/Schweiz, und ASS-Altenburger Spielkarten, Deutschland, Lenormand-Karten an. Heute erhältlich bei AGM-Urania/Königsfurt-Urania.

1 Blaue Eule (mit Spielkarten)
2 Rote Eule (mit Versen)
3 Weiße Eule (mit Spielkarten)

Das Spiel der Hoffnung

Das Ur-Lenormand von 1799

UR-LENORMAND

Das Spiel der Hoffnung
36 Karten (Großformat)
plus Textheft

Catch the spirit: Kartenlegen
mit dem Ur-Lenormand

Aktuelle Infos:

www.tarotworld.com

www.tarot-online.eu